职业教育创新路径研究

白尉华　叶红生　王志艳　著

中国国际广播出版社

图书在版编目（CIP）数据

职业教育创新路径研究 / 白尉华，叶红生，王志艳著. -- 北京：中国国际广播出版社，2024.7. -- ISBN 978-7-5078-5594-4

Ⅰ.G71

中国国家版本馆CIP数据核字第2024CS9645号

职业教育创新路径研究

著　　者	白尉华　叶红生　王志艳
责任编辑	霍春霞
校　　对	张娜
封面设计	万典文化

出版发行	中国国际广播出版社有限公司
电　　话	010-86093580　010-86093583
地　　址	北京市丰台区榴乡路88号石榴中心2号楼1701
邮　　编	100079
印　　刷	唐山唐文印刷有限公司

开　　本	787毫米×1092毫米　1/16
字　　数	200千字
印　　张	11.5
版　　次	2025年1月第1版
印　　次	2025年1月第1次印刷
定　　价	78.00元

（版权所有　翻印必究）

PREFACE 前　言

　　随着全球化和技术革新的迅速发展，职业教育在培养适应未来市场需求的技术和管理人才方面扮演着至关重要的角色。《职业教育创新研究》一书旨在全面解析当代职业教育的发展现状、挑战与创新实践，提供对现代职业教育目标框架的深入研究，并探讨实践教学空间的创新配置。本书结合理论与实践，深入分析了我国本科层次职业教育的内涵与现状，探索适应职业生活需求的教育教学创新，以及职业教育内部质量管理的构建机制。

　　本书分为七章，每一章均针对职业教育的不同方面进行深入讨论。第一章回顾了我国职业教育的发展历程，详细分析了当前我国职业教育面临的主要问题，如资源配置不均、教育质量参差不齐等，并探讨了其价值取向，强调职业教育在促进社会经济发展和个人职业生涯规划中的重要角色。第二章详细解析了现代职业教育的概念，阐述了职业教育应当适应社会和经济发展的需求。同时，本章还分析了现代职业教育体系的结构框架和目标方针，为构建一个多层次、宽领域的职业教育体系提供了理论基础。第三章集中讨论职业教育在实践教学方面的空间创新，提出了职业教育实践教学空间的内涵、建构逻辑以及立体建构的方法，探索如何更有效地整合资源和空间以增强教学实践的效果。第四章深入分析了本科层次的职业教育内涵和当前存在的问题，讨论了本科职业教育的定位与未来发展规划，以及如何提高本科职业教育质量和社会认可度。第五章致力于理解职业生活的理论基础，并描述理想职业生活的素养结构和教育教学结构，探讨如何通过职业教育使学生更好地面对未来职业生活的挑战。第六章详细讨论了职业教育内部质量管理、运行机制以及学习参与度的管理方法，探索如何通过内部质量管理提高教育成效。第七章深入分析了职业教育评估的发展性路径选择，包括评估主体、内容、方法及其结论的应用，探讨如何通过发展性评估促进职业教育持续改进和发展。

　　本书旨在为读者提供一个全面的视角，通过理论与实践的结合，深入探索职业教育领域的当前状态与未来发展方向，努力使评估成为诊断和开方的过程，进而推动职业教育质量的提升。

通过本书，我们希望为教育者、政策制定者、学者和实践者提供关于提高职业教育质量和效率的见解和工具，期望能激发更多关于职业教育未来方向的讨论和研究，以应对快速变化的全球经济环境中的新挑战。

2024 年 6 月

CONTENTS 目 录

第一章　当代职业教育发展的现状 ………………………………………… 1
　　第一节　我国职业教育发展的历史脉络 ……………………………… 1
　　第二节　当前我国职业教育面临的主要问题 ………………………… 12
　　第三节　当代职业教育的价值取向 …………………………………… 17

第二章　现代职业教育目标框架研究 ……………………………………… 25
　　第一节　现代职业教育的概念解析 …………………………………… 25
　　第二节　现代职业教育体系的结构框架 ……………………………… 40
　　第三节　现代职业教育体系的目标方针 ……………………………… 52

第三章　职业教育实践教学空间创新研究 ………………………………… 59
　　第一节　职业教育实践教学空间的内涵 ……………………………… 59
　　第二节　职业教育实践教学空间的建构逻辑 ………………………… 69
　　第三节　职业教育实践教学空间立体构建 …………………………… 78

第四章　我国本科层次职业教育探究 ……………………………………… 90
　　第一节　本科层次职业教育内涵 ……………………………………… 90
　　第二节　本科层次职业教育的现状 …………………………………… 95
　　第三节　本科职业教育规划 …………………………………………… 109

第五章　面向职业生活的职业教育创新 …………………………………… 120
　　第一节　职业生活的理论基础 ………………………………………… 120
　　第二节　理想职业生活的素养结构 …………………………………… 128
　　第三节　理想职业生活需求的教育教学结构 ………………………… 135

第六章 职业教育内部质量管理机制构建研究 …………………… 142

    第一节 职业教育质量管理概述 …………………………………… 142

    第二节 高职教育内部质量管理的运行机制 ……………………… 152

    第三节 "学习参与度"的管理 …………………………………… 156

第七章 职业教育发展性评估方法研究 ………………………………… 163

    第一节 评估主体的发展性路径选择 ……………………………… 163

    第二节 评估内容的发展性路径选择 ……………………………… 168

    第三节 评估方法的发展性路径选择 ……………………………… 172

    第四节 评估结论运用的发展性路径选择 ………………………… 174

参考文献 …………………………………………………………………… 176

第一章 当代职业教育发展的现状

从中国职业教育发展的视角出发，本章系统地梳理了改革开放40多年来中国职业教育发展的历史演进过程。通过对不同阶段职业教育政策的分析，我们总结了这一时期中国职业教育政策变迁的逻辑和宏观发展特征。具体而言，本章讨论了职业教育从初期探索、快速扩展到现代化改革的各个阶段，详细描述了每一阶段的政策背景和实施效果。

此外，本章深入分析了当前中国职业教育发展所面临的主要问题。这些问题包括但不限于职业教育体系与市场需求的不匹配、职业教育资源分布不均、职业教育质量参差不齐等。通过对这些问题的详细论述，我们揭示了其背后的深层次原因，如政策执行中的制度性障碍、地方政府和职业院校之间的协调问题以及社会对职业教育的认知和重视程度不足等。

在以上分析的基础上，本章试图揭示这些深层次原因对中国职业教育未来发展的影响。这些探讨不仅为后文的相关实证研究提供了坚实的理论基础和问题导向，也为制定更加科学、有效的职业教育发展政策提供了现实依据和参考意见。通过系统地梳理和深入地分析，本章旨在为中国职业教育的发展提供新的思路和解决方案，从而推动职业教育进一步改革和创新。

第一节 我国职业教育发展的历史脉络

从现有文献来看，我国职业教育的历史可以追溯到150多年前。清同治五年（公元1866年）成立的福建船政学堂是我国最早的职业教育机构，至今已有150余年历史。这所学堂的建立标志着我国职业教育的开端，为后来的职业教育发展奠定了基础。

新中国成立前，动荡的政治、军事和经济环境对我国职业教育的发展造成了极大的制约。在战争频繁、社会不稳的情况下，教育资源严重不足，职业教育的发展步履维艰。新中国成立后，虽然社会环境逐渐稳定，但统收统支和高度集中的计划经济体制使国家在教育资源分配上存在诸多限制，职业教育的发展依然受到很大制约。

数据显示，截至1976年，我国各类中等职业学校仅有3710所，在校生人数仅为91万人，仅占整个高中阶段学生总数的6.1%。这一时期职业教育的发展明显滞后，难以满足社会对技能型人才的需求。

改革开放40多年来，中国职业教育迎来了前所未有的发展机遇。这一阶段，国家通过一系列改革措施，大力支持和推动职业教育的发展。例如，政府加大了对职业教育的投资力度，完善了职业教育的法律法规，推进了职业教育的现代化建设。这些举措为职业教育的发展注入新的活力，使其成为经济社会发展的重要支撑力量。

在改革开放的推动下，职业教育的办学规模和质量显著提升。各类职业学校数量大幅增加，专业设置更加多样化，培养了一大批适应市场需求的技能型人才。数据显示，职业教育在校生人数逐年增加，毕业生就业率不断提升，社会认可度也显著提高。

总体来看，改革开放40多年来，中国职业教育取得了显著的成绩和丰富的经验。职业教育的发展不仅满足了社会对高素质技能型人才的需求，也为国家经济社会的持续发展提供了坚实的人才保障。未来，随着改革的深入和政策的不断完善，中国职业教育必将迎来更加光明的发展前景。

一、中国职业教育探索与恢复时期（1977—1984）

早在1977年，邓小平同志在科学和教育工作座谈会上就指出，我们国家要赶上世界先进水平，必须从科学和教育着手。十一届三中全会在恢复和坚持长时期行之有效的各项经济政策时，特别强调要加强实现现代化所必需的科学和教育工作。由于十一届三中全会在政治上拨乱反正和思想上正本清源，职业教育逐步得以恢复和发展。

为了推动职业教育的发展，政府在1979年和1980年的工作报告中明确指出：中等教育要有计划地多举办各种门类的中等职业教育，这是社会主义建设的多方面的迫切需要，同时也有利于解决大量中学毕业生的就业问题。此外，政府还强调教育方面要广开学路，加强高等教育，改革中等教育制度，发展职业、技术教育。

1980年，国务院发布《关于中等教育结构改革的报告》，进一步强调要深化中等教育改革，着重发展职业技术教育。教育部随即开始中等教育的调整工作，实行普通教育与职业、技术教育并举的方针，使原有的技工学校得到了恢复和发展。

为进一步扩大职业教育的规模，1981年，政府工作报告明确指出，在中学教育方面，积极发展中等专业学校。

党的十二大报告进一步强调科学技术的关键作用，指出科学技术是四个现代化的关键环节，必须重视发展包括中等职业教育在内的各类教育，以提高全体中国人民的科学文化水平。

1982年的政府工作报告不仅强调要扩大职业教育规模，还开始关注职业教育结构和内容的问题。1983年，中央一号文件首次强调要对农民进行各种形式的职业技术教育和培训，进一步扩大了职业教育的服务群体。

中央一号文件进一步鼓励集体或个人办好中小学校，特别是中等职业技术学校和专科学校，为个人或民营资本进入职业教育领域提供政策支持。

在一系列职业教育政策的推动下，这一阶段中国的职业教育得到了快速发展。从1979年开始，我国中等教育开始进行结构性调整，逐步减少普通中学在校生人数，中等职业学校和技工学校则迅速增长。数据显示，1979年我国普通中学在校学生为5905万人，同比减少了643.3万人；而技工学校在校生则达到了64万人，同比显著提升。

1980年，普通中学在校学生减少至5508.1万人，同比减少373.4万人；技工学校在校生则增至68万人，同比增加4万人。同时，农村中学和职业中学在校学生人数增加至45.4万人，中等教育结构继续优化。

1981年和1982年，全国各级各类教育事业继续贯彻调整方针，中等教育结构进一步优化。1982年，农村中学和职业中学在校生人数达到70.4万人，较1980年增加了25万人。与1978年相比，我国单一化的中等教育结构有所改善，中等职业学校在校生总数增加了两倍，但相对于社会需求，职业教育仍显薄弱。

为进一步加强职业教育，1983年和1984年，党和政府持续推进中等教育结构性改革，改善中等教育结构单一的状况。1983年，农村中学和职业中学的在校生数量为122万人，同比增加51.6万人，增长了73.3%。1984年，农村中学和职业中学的在校生数量增至174.5万人，同比增加52.4万人，增长了42.92%。全国各类职业技术教育迅速发展，中等教育结构单一的状况得到了初步改善。

二、中国职业教育粗放发展时期（1985—1998）

在1985年5月27日，中共中央发布了《中共中央关于教育体制改革的决定》。此决策强调了建立一个多层次、多行业、与普通教育相互衔接的职业技术教育体系的重要性。该决策指明了职业技术教育作为现代教育系统不可或缺的一部分的角色，并为其未来的发展方向提供了指导。

1986年，国家教育委员会、国家计划委员会、国家经济委员会及劳动人事部联合召开了首次全国职业教育工作会议，旨在统一思想并明确发展职业教育的方向。继而，1988年和1989年的政府工作报告均强调了将普及教育与职业技术教育的发展紧密结合，并鼓励社会各界支持基础教育与职业教育。这系列政策和会议大力推动了职业教育的快速发展。

数据显示，从1985年开始，职业技术教育学生人数有显著增长。1985年，高中阶段职业技术教育的在校学生人数为416.5万，占比增至36%，高于前一年的32.3%。随后几年，这一比例持续上升，到1990年时，中等职业技术学校的在校生数增至604.8万，占比达到45.7%。这一增长趋势体现了1985年教育改革决定的实现。

1991年10月17日，国务院发表了重要的政策文件《国务院关于大力发展职业技术教育的决定》，再次突显了政府对职业技术教育的重视并推动其进一步发展。该决定为职业技术教育指明了战略方向，并列出一系列具体措施，如增加职业学校的资金投入、更新教学设施、优化课程设置，以及加强教师培训和学生技能培养。这些政策的实施显著推动了职业技术教育的质量和规模，使1995年职业技术学校的在校学生人数激增至939.4万人，占高中阶段在校学生总数的56.8%。

1996年5月15日，中国政府又迈出重要一步，正式颁布《中华人民共和国职业教育法》（简称《职业教育法》）。这标志着我国职业教育正式进入依法治教和科学管理的新阶段。该法律的出台不仅确保了职业教育政策的连续性和稳定性，还明确了职业教育的重要性和立法地位。《职业教育法》的实施有助于提升教育质量，优化教育结构，促进职业教育与国家经济、社会需求的对接，为社会培养了大量技术技能型人才。

到了1998年，尽管全国中等职业学校的数量小幅下降至17106所，但在校生人数却持续上升至1126万，占全国高中阶段在校学生总数的55%。这一数据反映了职业教育持续扩张的趋势，并显示了职业教育体系在提供多样化教育机会方面的成功。这一阶段的政策和法规建设为职业教育的发展奠定了坚实的基础，进一步加强了职业教育在国家教育体系中的地位，同时也为我国经济的现代化和社会的全面进步提供了重要支撑。

三、中国职业教育优化调整时期（1999—2012）

1998年12月24日，国务院批转教育部《面向21世纪教育振兴行动计划》，着重强调了对高等教育和职业教育的积极而稳定的发展策略，旨在通过教育改革显著提升高等教育的规模，并力争在2010年前使高等教育入学率达到或接近15%的目标，同时推动全面的素质教育发展。1999年6月13日，中共中央国务院深入实施这一方针，发布了《关于深化教育改革全面推进素质教育的决定》，其中特别强调了职业教育的重要性和发展需求。

同年9月，教育部进一步细化策略，颁布了《关于调整中等职业学校布局结构的意见》，意在对职业教育资源进行更合理的配置，并推动中等职业教育系统的结构性重组，以便更好地适应国家经济和社会的发展要求，从而有效地支持地方经济建设和社会发展。

这些政策措施的实施标志着中国教育系统中高等教育的招生扩张成为主导方向。政府采取了将高等院校推向市场的策略，实施教育市场化，不断放宽招生规模，这些政策深刻地影响了职业教育体系，引起了职业教育结构和规模的根本变革。特别是在2000—2003年，高等职业（专科）院校的数量急剧增加，从442所翻倍增至908所，其在高等教育体系中的比重从42.46%升至58.51%。

同时，高等教育的这种扩张对中等职业教育造成了显著的冲击，具体体现在中等职业技术教育的学校数量和在校生人数连年下降。例如，从1999年到2001年，中等职业技术教育的招生人数和在校生人数显示出下降的趋势。

这一下降趋势引起了政府的极大关注。2000年10月，教育部为了防止中等职业教育资源的流失，发布了相关政策。2002年8月，国务院进一步加大了改革力度，发布了《国务院关于大力推进职业教育改革与发展的决定》，其中重点强调了需要保持中等职业教育和普通高中教育的平衡，扩大职业教育的规模，并全面提升教育的质量和效益，以适应国家发展的新要求。这些措施共同构成了中国职业教育体系逐步完善和发展的基础。

此外，2007年的政府工作报告，使职业教育的重要性再次被提到议程的前列，强调需要进一步加大对职业教育的支持和改善。为实现这些目标，中央财政从2007年起至2010年，每年投入高达100亿元人民币用于职业教育的扩展和质量提升。这一巨额投资显著增强了职业教育的服务能力和教育质量，为职业技术教育机构提供了必要的设施更新和教学资源。

这些财政支持和政策推动的结果是显而易见的。自2002年起，中国的职业教育开始摆脱之前的停滞状态，逐步进入增长轨道。特别是在中等职业教育领域，从2002年到2010年，中等职业教育在校学生人数几乎翻了一番，增长率达到近100%。这种增长不仅展示了职业教育的吸引力，也反映了市场对技能劳动力的持续需求。

中等职业技术教育是职业教育体系的核心组成部分。它在培养技术技能人才方面继续扮演着不可替代的角色，对于满足国家工业化、现代化需求提供了坚实的人才支持和技术保障。因此，尽管面临多种挑战和变革，中等职业技术教育的重要性和其在国家职业教育战略中的地位依然显著。

四、中国职业教育稳健发展时期（2012至今）

党的十八大以来，我国领导层对职业教育的重视程度显著提升。习近平总书记从国家治理的高度，多次强调加速现代职业教育体系的建设，并提出多项重要指导意见。在2014年的全国职业教育工作会议上，习近平总书记指出职业教育是广大青年打开通往成功成才大门的重要途径。2015年6月，他进一步明确表示，职业教育是培养高素质技能型人才的基础工程。2016年5月，他在中央财经领导小组第十三次会议上再次强调建设现代职业教育体系的重要性。2019年8月，习近平总书记在考察甘肃省张掖市山丹培黎学校时提出，职业教育前景广阔，大有可为。2014年，国务院发布《关于加快发展现代职业教育的决定》，明确了现代职业教育体系建设的指导思想、基本原则、目标任务及具体政策措施，强调院校布局和专业设置需要更好地适应经济和社会需求。2017年，《国家教育事业发展"十三五"规划》进一步规定要完善职业学校的布局结构。同年12月，国务院办公厅发布《国务院办公厅关于深化产教融合的若干意见》，强调要增强企业在职业教育中的主体作用，优化职业教育布局，并将资源向产业和人口集聚区集中，服务于脱贫攻坚的重要战场。

十九大报告再次提出优先发展教育事业，要求完善职业教育和培训体系，深化产教融合和校企合作。2018年的中央一号文件明确加强职业教育，逐步分类推进中等职业教育免除学杂费，并支持新型职业农民通过弹性学制参加中高等农业职业教育。这为乡村振兴战略下的职业教育开辟了广阔的发展空间。这一系列政策的实施，显著推动了我国职业教育体系的发展和完善，使其成为国家发展战略中的关键组成部分。

2019年，国务院正式发布《国家职业教育改革实施方案》，重申了职业教育在国家发展战略中的核心位置，明确阐述了职业教育与普通教育具有同等的重要性。此外，该方案详细描述了我国现代职业教育的发展目标和全面要求，设定了明确的发展路线图，以促进职业教育体系的全面升级和优化。

2022年4月，第十三届全国人民代表大会常务委员会第三十四次会议通过《中华人民共和国职业教育法》修订，加强了职业教育的法律保障，确保职业教育体系与时俱进，更加符合当前和未来的教育需求。同年12月，中共中央办公厅与国务院办公厅，联合发布了《关于深化现代职业教育体系建设改革的意见》。这份文件对职业教育体系的未来发展方向做出了更为详细的指导，旨在通过深化改革，进一步完善职业教育的结构和功能，以更好地满足国家和社会的发展需要。

到了2023年，职业教育的改革和发展进入了一个新阶段。国家发改委与教育部联合其他六个部门，共同发布了《职业教育产教融合赋能提升行动实施方案（2023—2025年）》。这份方案针对当前职业教育面临的挑战和机遇，提出了具体的行动措施和明确的实施标准，强调了产教融合的重要性，并设定了提升职业教育质量和效率的具体目标。这表明政府致力于将职业教育与产业发展紧密结合，以促进经济结构的转型升级和劳动力市场的需求对接。

党和国家将职业教育置于前所未有的高度，通过一系列重大政策的推出，职业教育政策体系不断完善，并在实际操作中得到了有效执行。这一系列政策推动了现代职业教育体系的快速构建，职业教育的发展取得了显著成效。十八大以来，职业教育进入了一个快速发展的黄金时期，结构不断优化。随着产业升级和教育水平不断提高，职业教育机构的数量、招生规模和在校生人数均逐年增长。在校生人数已经超过了40%，而招生人数达到了37.58%。特别是中等职业教育，作为职业教育体系的重要组成部分，其学校规模和在校生人数占整个职业教育体系的大约60%。

五、我国职业教育政策演变规律

政策通常是政府部门为了改变市场中资源配置和经营主体活动而采取的措施。政策对于市场的发展至关重要。纵观改革开放40多年来，党和国家把职业教育提升到前所未有的重要地位，一系列重大政策的出台，加快了现代职业教育体系建设的进程，使职业教育取得了显著成效。

（一）中国职业教育政策不断适应经济发展

在我国，职业教育政策一直紧跟国家的经济发展步伐，始终坚持教育必须服务于社会主义建设的原则。教育的发展同样依托于社会主义建设的进程。十一届三中全会以来，随着各行业的复兴，国家对中低级熟练工人和技术人才的需求迅速增长，这些人才大多来源于职业教育系统。因此，1980年的政府工作报告，特别强调了加强中等职业技术教育的重要性。到了1985年，《中共中央关于教育体制改革的决定》进一步具体化了职业技术学校的招生计划，以更好地适应当时的经济发展需要。

随着经济和社会水平的提升，对高级技能人才的需求不断增加，职业教育的结构和类型开始逐渐多样化。因此，20世纪90年代中期，我国开始调整中等教育结构，重视职业教育的质量和结构的优化。这一阶段，职业教育取得了显著的成就，职业教育学校的数量和在校生人数占高等教育总量的近50%。

党的十八大后，随着我国经济由高速增长转向高质量发展，特别是高端制造业和产业结构的优化升级，现代经济体系对人才的素质和技能提出了更高的要求，迫切需要培养更多的高技术技能型人才。为响应这一需求，2014年发布的《关于加快发展现代职业教育的决定》提出了建立现代职业教育体系的目标。2019年，《国家职业教育改革实施方案》进一步强调按照现代经济体系和教育强国的标准，完善现代职业教育体系。2022年，《关于深化现代职业教育体系建设改革的意见》要求深化供给侧结构性改革，构建更加多层次的职业教育和培训体系。

综上所述，我国的职业教育政策不断调整更新，以适应经济发展的不同阶段，致力于满足国家的经济建设和社会发展需求。

（二）中国职业教育政策不断适应产业形态变迁

在中国，职业教育政策始终与国家的产业政策紧密相连。自1978年改革开放起，中国的经济改革首先在农村展开，当时的主要产业是农业，因而对初级技术人员的需求较为迫切。到了20世纪80年代中后期，随着改革重心的城市化，大量农村剩余劳动力开始流向城市，同时，资源开采技术的提升使劳动密集型和资源密集型产业迅速发展，成为经济的重要支柱。这一时期，这些产业对初级和中级技术人员以及熟练工人的需求大增，相比之下，对高级技能人才的需求相对较少。

进入21世纪，随着全球化和技术进步的影响，产业结构调整逐渐成为中国产业发展策略的核心。2005年，国务院发布了《促进产业结构调整暂行规定》，明确指出产业发展的新方向，旨在通过优化产业结构来适应经济全球化和市场需求的变化。2015年，国务院发布了《中国制造2025》计划，强调通过技术升级和创新驱动策略，将高端制造业定位为产业结构调整的重点目标。这一政策旨在推动中国制造业由大变强，从而满足国家经济转型的需求，提升中国在全球经济中的竞争力。

这些政策的实施不仅改变了中国产业的发展轨迹，也对职业教育政策产生了深远的影响。为了适应产业政策的变动和市场的需要，职业教育政策不断调整，以培养符合市场需求的技术技能人才，从而支持国家的经济发展和产业升级。这种政策的连贯性确保了职业教育能够有效地为产业发展提供所需的人才资源。

随着我国产业形态的持续推进，职业教育政策相应地进行了重要的调整，以适应这些变化。1980年，面对初级和中级技术人才特别是在农业领域的迫切需求，国务院批转了教育部、国家劳动总局的《国务院批转教育部、国家劳动总局关于中等教育结构改革的报告的通知》。该通知强调中等职业技术教育的重要性，目的是培养足以支撑农业发展的技术人员。

进入1991年，随着资金密集型和资源密集型产业逐渐成为国家经济的支柱，同时劳动密集型产业对技术人才的需求急剧上升，国务院发布了《国务院关于大力发展职业技术教育的决定》，其中特别强调需要扩大职业院校尤其是中等职业技术学校的招生规模，以满足市场对技术人才的需求。

到了2019年，随着高端制造业的崛起成为国家经济的新支柱，高技能人才的需求日益增加。为避免高端制造业因缺乏足够的技术人才而受到制约，国务院印发《国家职业教育改革实施方案》，强调了职业教育的高质量发展。方案提出了培养大量的大国工匠和高技术技能人才的目标，推动了中国特色高水平职业学校和专业建设计划的实施。

2023年，随着国家经济结构的优化升级，尤其是高科技、绿色能源和智能制造等先进产业领域的快速发展，职业教育政策在不断更新，以满足新兴行业对专业技术人才的高需求。政府推出了一系列措施，如加强与企业的合作、更新教学内容和方法以及扩大职业教育资源，确保职业教育体系与时俱进，能够为现代化经济体系培养出具有实战能力的技术技能型人才。这些政策调整反映了职业教育在国家发展战略中的核心地位，也体现了教育的灵活性和前瞻性，确保教育输出与市场需求紧密对接。

中国的职业教育政策一直在努力适应国家产业发展的需要，确保职业教育的方向和内容与国家的产业升级保持同步。这种政策的灵活性和前瞻性为国家经济的持续健康发展提供了强有力的人才支持和技术保障。

（三）中国职业教育政策逐步由政府主导向政府引导转型

通过深入分析职业教育政策及市场需求的变化，我们可以看到职业教育政策的改革始终聚焦于调整和优化供给结构，这一政策导向明显地体现了结构主义的特点。结构主义政策基于这样一个理念：职业教育在功能上的不足往往是供给结构的不完善导致的，只有通过改进供给结构，才能有效地提升职业教育的整体功能效率。

这种政策思路在实施过程中主要体现在两个方面。第一，政策致力于不断优化和扩大供给主体。例如，在20世纪80年代，为了应对快速的工业化需求和提升整体的技术劳动力水平，国家采取了开设职业班和建立职业高中的措施，旨在推动中等职业教育的结构发展和规模扩大。到了20世纪90年代末，随着高等教育扩招的政策实施，职业教育体系通过增加教育机构和扩大招生规模来进一步加强，使职业教育在国家教育系统中的比重得到显著提升。

第二，政策通过财政支持来增强职业教育的供给能力。在2006年政府工作报告中，职业教育被明确指定为一项紧迫的任务。报告强调了发挥公共财政在职业教育发展中的关键作用。从2007年开始，中央财政每年都会投入高达100亿元人民币来支持职业教育的扩展和质量提升。这一投入的持续增加，显著加强了职业教育的设施建设、提升了教学质量、扩大了服务范围。

这种结构主义的政策导向不仅回应了国家经济和社会发展的实际需要，也推动了职业教育从规模扩张到质量提升的转变。随着时间的推移，职业教育政策逐渐从单纯的数量扩张转向更加注重教育质量和与产业需求对接的深度融合，体现了政策的前瞻性和实效性。这些改革不仅增强了职业教育系统应对市场变化的能力，也为国家的经济发展培养了大量符合市场需求的技术技能型人才。

尽管在结构改进方面取得了一定成果，但职业教育的核心功能实现程度仍有待提高。结构性调整的主要目标应是支持和提升教育功能，而不仅仅是形式上的变化。同时，调整过程中必须考虑市场自身的调节机制，确保政策与市场需求同步。

职业教育市场更加注重从实际功能完善的角度进行改革，例如职业教育支持扶贫、提供职业指导、服务经济发展和贯彻国家战略等方面。尽管职业教育政策旨在通过建立学校、提供财政补贴和加强监管等供给端措施来推动改革，但市场在自然功能的发挥方面仍显示出不足。因此，政府需要从更广泛的角度重新思考和设计职业教育政策。

党的二十大以来，职业教育政策方向显示出明确的发展战略，旨在通过增强职业教育系统的现代化和国际竞争力来支持国家的经济和社会发展。政府推动职业教育与产业深度融合，加强校企合作，通过实训基地和实习机会提供实践教学。这不仅提高了教育质量，还确保了教育内容与市场需求的对接，增强了学生的就业能力。为了加强职业教育的教学改革，提高教育质量，政府通过制定更高标准的教学大纲和课程内容，引导职业学校提供更高质量的教育服务，同时鼓励职业院校开展质量评估和认证。政府着力于培养高技术技能人才，满足高新技术产业和智能制造等领域的人才需求。通过优化课程设置，加大对 STEM（科学、技术、工程、数学）教育的投入，培养适应未来产业发展的技术技能型人才。推动职业教育的国际化，与国际知名职业教育机构合作，引进高质量教育资源和先进教育理念。此外，政府支持职业院校参与国际项目和交流，提升国际竞争力。增加对职业教育的财政投入，特别是对设备购置、师资培训和基础设施建设等方面的支持。政府还引导和鼓励私人投资与社会资本进入职业教育领域，共同推动职业教育的发展。通过这些政策，政府旨在构建一个更加灵活、高效、与国际接轨的职业教育系统，不仅满足当前的经济发展需求，也为长远的社会发展奠定坚实的人才基础。

因此，政府职能的调整势在必行，应从传统的直接主导角色转变为引导和服务角色。这一转变意味着政府需要从简单的"办学"模式，转向"管理与服务"职业教育的新模式。在这个过程中，鼓励企业和社会力量成为高质量职业教育建设的重要参与者至关重要。这不仅可以增加职业教育的多样性并保证其质量，还可以通过利用企业在实际操作中的经验，使教育内容更紧密地与市场需求相连。

政府在这一过程中应扮演协调者和服务提供者的角色，通过制定有利的政策、创造优良的市场条件来促进职业教育的全面和健康发展。这包括优化政策框架，确保教育供给与市场需求之间的有效对接，同时为教育机构和学生提供必要的支持和资源，以实现职业教育的长远目标。这样的政策调整有助于释放职业教育的全部潜力，培养出能够适应现代经济和社会需求的技能人才。

第二节 当前我国职业教育面临的主要问题

改革开放以来，我国的职业教育体系在多方面取得了显著的成就，尤其是在培养高技能技术人才方面的贡献不容小觑。职业教育领域的发展不仅有效促进了教育供给侧的结构性改革，而且显著提高了全民的技术技能水平和整体素质，为社会发展和经济增长注入了强大动力，成为推动我国经济社会进步的坚实支柱。

尽管取得了这些成果，但在与发达国家比较，与我国构建现代化经济体系和教育强国的长远目标比较时，职业教育仍面临不少挑战和短板。首先，我国职业教育体系的完善程度仍有较大提升空间，存在结构不够合理、层次不够分明的问题。其次，职业教育的供需关系未能达到理想的匹配，导致部分行业技术人才供不应求，而另一些领域可能出现人才过剩的现象。再次，现有的职业教育政策执行中还存在效果不佳的问题，需要通过优化政策和中强执行力度来解决。从次，职业教育与经济产业结构的匹配程度不尽如人意，这限制了职业教育在支撑经济发展方面的潜力。最后，企业参与职业教育的程度不够，特别是在办学动力和资金投入方面仍显不足，这影响了职业教育质量的提升和教育模式的创新。

一、职业教育发展水平与经济发展的不协调

职业教育本质上与产业和经济发展有着天然的紧密联系。在国家层面，我国的产业发展政策和经济发展水平与职业教育发展政策是相互协调的。然而，在实际经济发展过程中，我国职业教育的发展仍然存在不充分和不平衡的问题，与经济发展的协调性不足。

一方面，职业教育在数量上的发展不充分。职业教育在数量上的发展不充分，主要体现在职业教育未能充分适应经济发展水平，无法为地方经济和产业发展提供充足的高技能人才。许多地方的企业普遍面临高技术工人难以招聘的困境，严重制约了地

方经济的发展。例如，在一些制造业集中的地区，企业急需大量高技术工人来操作和维护复杂的生产设备，但职业院校培养出来的技术工人数量远不能满足需求。

数据显示，在中国传统的产业工人中，技术工人仅占 1/3，其中初级工人占比 60%，中级工人占比 35%，而高级工人仅占 5%。相比之下，德国的技术工人中高级工人的比例为 35% 到 40%。这种巨大的差距不仅反映了我国职业教育在数量上的不足，也表明了我们在高技能人才培养上的短板。高级技工的缺乏直接影响到企业的生产效率和创新能力，长此以往，将会削弱我国在国际市场上的竞争力。

据统计，全国高级技工的缺口高达 1000 万人，这意味着无数企业在转型升级的过程中面临着技术人员短缺的巨大挑战。如何培养适应经济发展和产业需求的高技能技术人才，是职业教育面临的重要课题。要解决这一问题，必须从政策、资金、师资等多方面入手，全面提升职业教育的数量和质量。只有加强校企合作，深化产教融合，完善职业教育体系，才能为经济发展提供源源不断的高技能人才。

另一方面，职业教育在质量上的发展不充分。职业教育在质量上的发展不充分，同样制约了高技能人才的培养。这种不充分主要导致两个严重后果：一是培养的技能劳动者水平不高，多数从事低端岗位，可替代性强，在人工智能广泛应用的背景下，容易面临被淘汰的困境。由于职业教育在课程设置、教学内容和实训条件等方面的滞后，很多毕业生的技术水平和实际操作能力无法满足现代化生产的要求，只能从事一些简单、重复性强的工作，职业发展空间受限。

二是供需不匹配，职业院校培养的技术人才与市场需求不完全吻合。一些职业院校的专业设置与产业发展和经济特征不符，低水平重复建设较为严重，导致技能类型与当地产业发展需求错位。例如，传统服务业等热门技能培训趋于饱和，而高端制造业的技能培训明显不足。这种不匹配不仅浪费了教育资源，也让许多毕业生在找工作时面临困境。

此外，职业教育的质量问题还体现在教师队伍的建设上。许多职业院校的教师缺乏企业实践经验，教学内容与实际需求脱节，无法有效培养学生的实际操作能力和创新能力。为了提高职业教育的质量，必须加强教师队伍建设，引进具有丰富实践经验的"双师型"教师，更新教学内容和教学方法，提升学生的综合素质和就业竞争力。

因此，如何提高职业教育的数量和质量，以更好地满足经济发展和产业转型升级的需求，是当前职业教育亟须解决的重大课题。只有解决了这些问题，职业教育才能真正发挥其应有的作用，为国家的经济发展和社会进步贡献力量。

二、中国职业教育政策实践异化问题

当职业教育政策在执行过程中脱离了初衷，偏离了预期目标，未能达到预期效果时，就会产生实践异化的问题。在国家层面，党和政府一直重视职业教育的发展。党的十八大以来，一系列重要政策为新时期我国职业教育发展指明了方向。2019年印发的《国家职业教育改革实施方案》更是明确指出："把职业教育摆在教育改革创新和经济社会发展中更加突出的位置。"然而在具体实施阶段，职业教育政策出现了实践异化的问题。

首先，财政投入的力度与职业教育在教育改革和经济社会发展中的重要地位不符。以高等职业院校为例，2016年全国高等教育经费投入达到10110亿元，而高职高专的教育经费仅为1828亿元，占高等教育总经费的约18.1%。同年，高职高专院校有1359所，占全国高等院校总数的52.35%[①]，高等职业院校的规模与国家财政经费投入极不匹配。此外，一些中央专项资金倾向于"985"工程、"211"工程及"双一流"建设计划，而职业教育类专项计划（如示范性高职建设计划）获得的资金支持相对较少。这种资金分配的不平衡，直接影响了职业教育的发展质量和速度。

其次，职业教育的现状与其应有的地位不符。目前，职业教育在校均规模、师资、生均建筑面积等方面落后于普通教育。例如，2021年，普通高中的专任教师合格率为97.9%，而中等职业学校的专任教师合格率为90.8%；普通高中师生比为13.7∶1，而中等职业学校师生比为19.8∶1；普通本科院校师生比为17.7∶1，而高等职业院校师生比为18.0∶1；普通本科院校校均规模为14532人，而高等职业院校校均规模为6528人。这些数据充分反映了职业教育在资源配置和发展水平上的差距，影响了其培养高技能人才的能力。

最后，制度体系的不完善导致职业教育管理体制的不顺畅。在国家层面，职业教育体系隶属不同部门管理，职责不清，导致"政出多门""九龙治水"的问题，也可能产生政府"越位"和"缺位"的问题。国家层面的职责不清必然影响省市层面的职

---

① 唐智彬，石伟平．论高等职业教育与产业发展协同创新的逻辑与机制［J］．教育与经济，2015（4）：3-7，29.

业教育统筹管理效果，导致职业院校布局不合理、专业设置不科学、职业教育资源分散等问题。这种管理体制的不顺畅，不仅制约了职业教育的发展，也影响了其服务于经济社会发展的能力。

综上所述，由于缺乏制度依据和制度基础，职业教育管理机制的不顺畅，极易导致职业教育在全国范围内出现诸多不合理现象。这些问题亟待解决，以推动职业教育更好地服务于国家经济社会发展目标。

三、中国职业教育结构不合理

职业院校的发展需要与地方经济和产业发展方向同步进行，这就需要深化产教融合和校企合作，建立良性互动机制，实现资源共生共赢。只有让企业切实参与职业教育中，才能真正掌握产业发展规律，培养高技能技术人才，支持企业及时进行技术改造升级，使企业始终站在产业发展的前沿，从而形成职业教育发展与产业优化升级、企业快速发展的良性互动格局，切实解决教育与产业"两张皮"的问题。

然而，在实际操作中，企业参与职业教育的程度不高，并且呈现萎缩状态。1995—2006年，我国企业办中等职业教育的机构数量从2850所减少到520所。究其原因，职业教育市场存在市场失灵现象，这直接导致企业在参与职业教育投入时面临"高投入—低收益"（或短期内低收益）的困境。追求利益最大化的企业在现有生产条件下，不愿过多参与职业教育体系。

此外，市场中的企业经营往往短视，许多中小企业采用计件工资制度，对劳动者来说，产品数量比质量更重要。在这种情况下，"工匠精神"难以发挥作用，而这些中小企业也不愿意支付高工资和高福利。因此，"劣币驱逐良币"现象产生了。市场失灵导致企业参与职业教育的积极性降低，大多数企业缺乏产业升级的内部动力和意愿，其现有生产方式对高技术技能人才的需求不足，因此不愿意参与职业教育体系。

企业内部也没有足够吸引高技术技能人才的工作机会，劳动者通过职业教育体系进入企业岗位的积极性不高。这就是企业不愿意参与职业教育、个体对接受职业教育缺乏兴趣的根本原因，也是职业教育市场供需失衡的根源[1]。

---

[1] 徐国庆. 我国二元经济政策与职业教育发展的二元困境：经济社会学的视角[J]. 教育研究，2019，40（1）：102-110.

四、中国职业教育布局不优化与发展不平衡

职业教育的发展受经济和地域文化等多方面因素的影响,导致其布局不优化和发展不平衡的问题尤为突出。一方面,职业教育布局不优化有其历史原因。1980年政府设立13所地方职业大学以来,职业教育院校的设立主要由政府主导,具有显著的历史特点。职业院校的办学目标是服务区域经济产业发展,但许多区域的产业结构已发生变化,而职业院校并未随之调整。这种布局无法与经济发展及产业形态相适应,导致职业教育无法有效支撑地方经济的发展。

另一方面,职业教育学生的流失率问题一直是个难题,从流失率可以侧面反映各地职业教育发展不平衡的问题。例如,2014年,我国职业教育学生的流失率高于其他教育类型的学生,其中西部地区入学第一年的流失率高达6%左右。相比之下,东部沿海的江浙地区职业教育学生在第一年入学时几乎没有流失,这显示出江浙地区职业教育的发展状况普遍优于西部地区。学生的流失不仅影响了教育资源的有效利用,也反映了职业教育在不同地区之间的巨大差异。

此外,以全国380多所地级市政府举办的职业院校为例,有220所没有达到生均的国家财政拨款水平,只有15.2%的公办职业院校获得企业实习财政补贴,只有41.5%的公办职业院校落实了责任保险补贴,超过80%的公办职业院校的企业兼职教师没有财政补贴。由此可见,职业教育在不同等级城市间发展不平衡,尤其是一些中小城市和农村地区,职业教育的发展状况更加堪忧[①]。

可以推断,目前我国职业教育的体制格局还是以城市为中心建立的,与城市职业教育相比,乡村职业教育的发展更加不平衡。进一步来看,由于经济发展水平和个人资源禀赋问题,西部贫困地区、民族地区、边远地区和革命老区等四类地区,以及家庭经济困难学生、残疾学生和进城务工人员随迁子女等三类群体所享有的职业教育程度明显低于中心城市地区。这些地区和群体在接受职业教育的过程中,面临着更多的困难和挑战,教育资源的匮乏和师资力量的不足使得他们无法享受到与城市学生同等的教育质量。

通过对职业教育情况进行调研,特别是在农村地区、贫困地区和民族地区,职业

---

① 梁国胜,刘梦妮. 高职"掌门人"集体呼吁"央财"青睐[N]. 中国青年报,2017-08-14(10).

院校的办学硬件条件和师资水平普遍无法达到国家规定的设置标准。这些地区的职业教育发展受到严重制约，无法为当地经济发展提供足够的高技能人才。解决这些问题需要政府加大对职业教育的投入，特别是要关注和支持落后地区的职业教育发展，提高教育资源的均衡配置，确保每一个学生都能享受到优质的职业教育，为国家的经济社会发展提供坚实的人才保障。

五、社会环境缺乏利于职业教育发展的厚植土壤

职业教育整体吸引力较低，并非现阶段才有的现象，而是长期存在的问题。长期以来，受"万般皆下品，唯有读书高"等封建思想的影响，社会上普遍存在鄙薄职业教育的现象。尤其是高考扩招政策实施以来，高等教育的入口放宽，使更多学生能够通过高考进入普通高等院校。在这种背景下，由于对职业教育战略地位认识不清，部分社会群体认为只有学习成绩不佳或家庭条件不好的学生才会选择职业院校。这种"边缘化"的定位导致轻视职业教育的思想观念难以消除。

进入职业教育体系的学生群体，由于缺乏必要的升学通道，渐渐失去学习的动力，对自身状态心存不满，对职业教育轻视和不满。这种情况不仅影响了学生的学习积极性，还影响了职业教育的整体形象和吸引力。然而，职业教育作为国民教育体系和人力资源开发的重要组成部分，是通往成功成才的重要途径[①]。

近年来，我国各类职业院校每年向社会各行业输送约1000万毕业生，每年培训上亿人次。在高端制造业、战略性新兴产业和现代服务业等领域，一线新增从业人员70%以上由职业教育体系培养。职业教育体系已成为支撑中小企业集聚发展、产业结构优化升级的生力军。通过进一步推动职业教育的发展，提高职业教育的吸引力，可以改变社会上片面追求学历教育、轻视技能教育的问题[②]。

第三节 当代职业教育的价值取向

改革开放以来，我国社会主义经济进入了快速发展期，经济产业结构不断转型升

---

① 桂从路. 让职业教育承载更多梦想［N］. 人民日报, 2019-03-01（5）.
② 呐言. 让职业教育真正"扬眉吐气"［N］. 人民日报, 2019-02-20（12）.

级。职业教育经历了前期摸索、跨越式大规模发展和提升教育质量三个阶段。无论处于哪个阶段，职业教育始终紧紧围绕服务社会经济建设和经济发展这一核心目标展开。尽管这条道路曲折而艰辛，但在人们的认识、情感和行动上，都始终对职业教育在服务经济方面的价值给予了高度认同。

一、意识形成：服务社会经济

（一）服务经济建设的意识萌芽

1976年，邓小平同志提出将教育事业作为政府的重要工作内容，强调教育在社会经济建设中的重要作用和意义，提出优先发展、大力发展教育的战略决策。由此，教育事业获得发展机遇，进入快速发展阶段。在此背景下，职业教育的价值逐渐转移到围绕经济建设为中心，开始恢复重建和发展。

1978—1998年，职业教育服务经济建设的理念处于探索阶段。政府通过举办短期职业大学来发展职业教育，缓解了技术型人才的培养压力。十一届三中全会后，政府将工作重心转移到以经济建设为中心，全面推行改革开放，此时职业教育提高从业人员素质的意识开始萌芽。尤其是在沿海经济发达地区和快速发展的地区，对应用型技术人才的需求愈加迫切，原有职业技术教育的规模、层次和结构已不能满足社会经济发展的需要，迫切需要职业教育来培养技术技能人才。

改革开放初期，职业教育的主要价值在于为经济发展和社会进步培养人才和提供技术。在短期的探索发展中，人们逐渐意识到职业教育与普通高等教育在培养目标上的区别。于是，人们开始积极探索职业教育的办学模式和方式，关注和重视调整优化办学结构，进一步思考如何有效地服务经济建设。1986年，"职业教育"一词首次在政府政策文件中出现。1991年，国务院发布的《关于大力发展职业技术教育的决定》明确了职业教育的定位，提出职业教育是职业教育体系的重要组成部分。这些政策的出台促进了人们对职业教育的认识，逐渐形成并深化了其服务经济建设的价值取向。

20世纪90年代是我国社会主义现代化建设的重要阶段，随着社会经济的快速发展，人们对职业教育产生了新的认识和要求。十三届七中全会后，我国经济建设确立了新的战略目标，中国经济取得了长足进步，但随之而来的高素质技术人才短缺的矛盾日益凸显。职业教育被赋予了新的历史使命，即如何适应产业结构调整和促进社会经济增长，如何实现其经济和政治价值，如何推动和促进现代化建设，成为这一时期的改革新任务。同时，人们认识到职业教育的法规和配套政策不健全，呼吁加强教育立法，对职业教育进行政策规范。

（二）"大众教育"下的认知强化

1999—2005年，受到国际和国内经济形势的影响，职业教育无论在规模还是教学质量上都经历了跨越式发展。这一时期，职业教育服务经济建设的价值得到了进一步深化和聚焦。党的十六大提出走新型工业化道路，进行经济结构调整，推动产业结构的优化和经济增长方式的转变，这迫切需要一批实用型、技能型的高素质人才。在这一背景下，职业教育的主要价值取向逐步明确为服务经济建设和经济发展，成为推动职业教育发展的内在动力。

在亚洲金融危机的影响下，中国迫切需要寻找新的经济增长点。随着人们物质生活水平的提高，对高等教育的需求日益增强，希望接受高等教育的高中生越来越多。中国原有的高等教育规模与人们日益增长的升学需求之间产生巨大矛盾。1999年，国务院作出重大决策，明确提出开展高等教育大众化建设，努力实现高等教育由"精英教育"向"大众教育"转变。政府将职业教育看作实现高等教育大众化的重要途径，职业教育因此成为高等教育的重要组成部分。职业教育的价值在原有服务经济建设的基础上得到进一步深化，成为推动经济建设和实现高等教育大众化的重要途径。

（三）从规模发展转向提升服务水平

2006年以来，随着全面建成小康社会的推进，政府认识到职业教育需要根据国家经济社会发展的具体情况进行特色化建设。单纯地扩大职业教育规模已无法满足这一时期经济发展所需的人才，唯有提高教育质量才能提升职业教育服务经济建设的能力。2015年，国务院印发《中国制造2025》，鼓励创新创业，推动经济产业结构升级改革。社会经济发展迫切需要适应新经济结构的高级技术技能型人才，职业教育与科教兴国和人才强国的战略紧密相连。

在社会经济转型升级和产业结构优化，以及中国制造强国战略部署的客观环境下，职业教育成为经济发展的重要力量，为经济发展培养了大量专业技能水平过硬、具有创新意识和工匠精神的应用型人才。在这一时期，职业教育服务经济建设的价值再次得到社会的广泛认可，并被赋予更为具体的提升服务社会水平的要求。政府对职业教育提出了新的认识和要求，强调职业教育质量必须与社会发展形势相适应，职业教育质量改革迫在眉睫。

随着以人为本和促进公平思想的不断深入，国家逐渐认识到不能单纯地重视职业教育服务经济的价值，开始关注学生个体的发展需求和教育的公平问题。2014年，习近平同志在全国职业教育工作会议上充分肯定了职业教育的重要作用，提出职业教育是国民教育体系和人力资源开发的重要组成部分，是广大青年打开通往成功成才大门的重要途径。

尽管职业教育在规模扩张方面取得了显著成就，但师资队伍、教学条件、教学内容以及中高职衔接等方面长期积累的问题尚未得到有效解决。这导致高等职业院校毕业生难以满足我国产业升级所需的专业技能水平和创新意识，影响了我国实现制造业强国的战略目标。因此，职业教育质量亟待提升，以更好地服务于社会经济的发展需求。

二、情感期盼：服务经济建设

随着社会产业结构的不断优化调整，社会经济发展对高素质技术技能型人才的需求日益迫切。在认识到职业教育能够解决这一问题之后，人们对其服务社会经济建设的情感期盼不断增强。从希望职业教育能缓解经济发展的人才需求问题，到期待其实现高等教育大众化，再到提升其服务国家建设和经济发展的能力和水平，人们对职业教育的经济价值取向在情感态度上进一步深化和强化。

（一）缓解经济发展人才需求的情感期盼

政府期望通过发展职业教育来缓解经济发展所需的技术型人才缺口，因此，职业教育的价值被视为服务经济建设的核心。随着改革开放的不断深入，社会经济进入迅猛发展阶段，政府提出经济体制改革的思路，传统产业结构将会调整和优化。经济的发展对人才的需求进一步提升，产业结构的调整必然对各行各业的技术技能型人才提出更高要求。人们对职业教育服务经济发展、为经济建设提供高素质技术技能型人才充满期盼，希望职业教育的发展能够解决改革开放中社会经济建设和发展的迫切需要。然而，现实中我国职业教育相对滞后，人才培养的数量和质量都不能满足社会经济快速发展和产业结构优化带来的人才需求。

"五年一贯制"办学模式的成功经验进一步坚定了人们对职业教育服务经济建设的期许。1985年，国家教委提出"五年一贯制"的办学模式，并进行试点办学。这一模式实现了政府对职业教育服务经济建设的期盼。人们认为，"五年一贯制"办学模式符合国家对职业教育的实践要求，对中国面临的教育问题具有针对性和时效性。在职业教育价值实践的探索过程中，人们更加坚定地认为并期盼职业教育能够为社会经济发展和产业结构升级提供所需的技术技能型人才。这一模式为职业教育服务经济建设提供了新的前进道路，职业教育的经济价值得到了社会各界的认同。

20世纪90年代，经过改革开放十多年的发展，职业教育无论在规模，还是在院校数量及在校生人数上，都取得了显著增长。随着我国产业结构的调整和优化，服务经济建设的职业教育的工作重点逐渐转移到调整结构布局上。因此，人们对职业教育提出了新的要求，并寄予新的期盼，即希望其积极适应我国产业结构调整节奏和经济发展速度，从规模扩张向优化结构的方向转变。人们开始从政策和法律上呼吁，希望从法律上给予职业教育明确的身份，使其定位更加精准地服务于经济发展。

（二）高等教育"大众化"的主力军

恢复高考以来，中国高等教育取得了显著成就，但受计划经济体制的影响，高等教育规模一直较小。直到1999年，我国高等教育才从"精英教育"向"大众教育"转变。职业教育在这一转变过程中发挥了至关重要的作用，被视为高等教育大众化的主力军。

随着改革开放的深入和经济发展的加速，我国产业结构不断优化调整，社会经济迅速增长。社会主义市场经济的快速发展对人力资源提出了更高要求，社会迫切需要大量高级技术技能型人才，以提高整体人力资源素质，进而提升经济发展水平。此外，高等教育在促进社会垂直流动方面展现出良好前景，使社会大众对职业教育的需求日益增加。

1998年，受亚洲金融危机影响，政府试图通过扩大内需来恢复经济发展，实现经济软着陆。有学者提出，通过扩大高校招生来增加消费需求，同时加强劳动力培养，缓解就业压力。高等教育大众化成为中国应对金融危机的新增长点，并为新一轮经济增长储备高级人才。职业教育在数量和规模上堪称高等教育的半壁江山，是高等教育的重要组成部分,在高等教育大众化进程中发挥了重要作用,肩负起刺激市场内需和推动经济建设的重任。

(三) 提升服务社会水平的情感期盼

2006年以来,政府希望通过职业教育布局与经济产业结构的匹配,提升职业教育质量和办学水平,实现职业教育服务于经济产业结构升级,推动制造业强国的战略目标。政府认识到职业教育长期存在师资队伍、教学内容、教学条件、中高职衔接等方面的问题,希望通过建设"双师型"队伍、创新人才培养模式、加强专业建设和课程建设,树立标杆和榜样,提升职业教育教学水平和质量,并带动整体水平的提高。同时,政府希望调动其他社会资源合力办学,发挥优质教学资源的共享功能和辐射作用,全面提升职业教育服务社会的能力。

2006年,教育部和财政部正式启动了"国家示范性高等职业院校建设计划",希望通过一批优秀的示范性高等职业院校开展内涵建设,以此为模范引领,促进整体职业教育教学水平和质量的提高。在这一阶段,办学特色和教育质量主要强调高等职业院校毕业生素质与经济结构升级所需人才的匹配度,以及高等职业院校设置的专业和课程与行业企业及岗位的匹配度,即职业教育服务社会的水平。

随后,政府下发了关于骨干高等职业院校项目建设和优质院校项目建设的文件,进一步明确了高等职业院校的建设目标,即培养社会经济发展所需的技术型人才。通过骨干院校建设和优质院校建设,进一步延展示范性院校建设内容和效果,促进职业教育教学水平不断提高,以适应社会经济的快速发展。同时,政府大力提倡建设开放型职业教育体系,鼓励示范院校、骨干院校和优质院校积极进行国际交流,吸收国外先进的教学理念和方法,提高我国教育教学水平和国际竞争力。

三、行为实践:持续发展扩张

人们在对职业教育的情感认同不断深入和强化的过程中,将这些希望付诸实践。政府通过一系列政策推动高等职业院校经历了创办、快速规模发展和内涵发展三个阶段。在每一个阶段,职业教育都取得了一定成效,使其服务经济建设的价值得到了社会的广泛认同。

(一) 改革开放后的实践摸索

1978—1991年，职业教育及时回应经济发展和社会进步的需要，进入了政策制定、院校调整和创办的实践探索阶段。为了培养经济发展所需的人才，国家教委提出创办地方职业大学，开启了新中国发展职业教育的新征程。改革开放全面推行之后，为了响应政府号召，满足经济发达地区对高素质技术技能型人才的迫切需求，职业教育的规模迅速扩展，院校数量大幅增加。

1980年，国家教委批准了一批由地方政府开办的高等职业院校，并在专业设置、招生对象、学制以及培养目标等方面做了明确规定。1983年，政府明确提出鼓励地方政府在经济发达城市举办高等职业院校，并鼓励企业积极参与。1985年，政府官方文件首次对"职业教育"这一概念进行了规范阐释，同时要求中心城市举办职业教育，对办学体制、办学模式做出具体要求，并选择部分学校作为新模式试点院校，取得了良好的办学效果，适应了我国职业教育服务经济建设的实践要求。1986年，政府明确提出职业教育的重要地位。1987年，政府进一步提出可以通过"职工大学、职工业余大学以及管理干部学院"等方式举办职业教育，进一步明确了职业教育在教育领域中的类型和基本结构。

1991年，政府进一步对职业教育的专业设置、培养目标和就业等方面进行了规定，以与普通高等教育区分。提出职业教育应在充分满足当地经济发展需求的前提下，结合实际办学水平，根据产业结构和社会经济状况调整办学方向，明确了职业教育服务经济建设，特别是服务当地经济建设的价值取向。1993年，政府进一步阐明职业教育是现代教育的重要组成部分，鼓励举办多层次职业技术教育，其培养目标为"技艺性强的高级操作人员"，实行"党委领导下的校长负责制"。1996年，通过《中华人民共和国职业教育法》确立了职业教育的法律地位。1998年，《中华人民共和国高等教育法》明确提出"高等学校是指大学、独立设置的学院和高等专科学校"。

综上所述，随着改革开放的不断深化，我国职业教育的服务经济建设价值越来越明确和深入。然而，作为教育的本质逐渐被淡化，职业教育的身份变得模糊。它兼有"职业教育中的高级层次"和"高等教育中的职业类型"两种身份，使其在后续的发展中处于尴尬境地。

（二）大众化进程下的跨越式发展

1999 年，政府明确提出探索以多种形式、多种途径和多种机制发展高等职业技术教育，这被视为大力发展职业教育的动员令。2000 年，政府再次强调要大力举办和发展职业教育。2002 年，政府明确了职业教育的具体规模要求，指明了办学方向。2004 年，政府肯定了地方政府作为职业教育主体的地位，并提出树立示范引领职业教育教学质量的目标。2005 年，政府进一步明确了职业教育在招生规模和建立示范引领院校等方面的具体要求。

在社会经济快速发展、产业结构升级和大众化教育的共同作用下，我国职业教育在规模上取得了前所未有的跨越式发展。在高等教育大众化进程中，职业教育在办学规模和在校生数量等方面呈现出良好的发展态势，成为高等教育的半壁江山和高等教育大众化进程的主力军。

（三）示范性建设提升服务水平

2006 年，政府明确提出在全国范围内择优建设 100 所示范性院校，通过示范引领促进整个职业教育教学水平的全面提升，确保职业教育更加切合现代社会经济发展的需要，实现人们对职业教育服务经济建设和经济发展的期望。自此，职业教育进入了内涵式发展和改革的示范期。

2010 年，政府在完成示范院校验收的同时，提出在全国范围内择优建设 100 所国家骨干高等职业院校，进一步延展示范建设内容和成果。2014 年，国家领导人提出职业教育要为国家建设提供人才供给和保障，强调加强职业教育的产教融合和校企合作等办学模式。2015 年以来，政府多次提出要发展建设职业教育的内涵，在制度创新、课程建设、师资培养等方面提出了要求。2019 年，政府再次明确了职业教育在质量要求、人才培养标准和制度建设等方面的目标。《职业教育产教融合赋能提升行动实施方案（2023—2025 年）》也对职业教育融合发展提出了新的要求。

第二章 现代职业教育目标框架研究

职业是社会劳动分工的结果，对效率的追求是职业分化的动力。商品经济出现以来，职业分化进入第一次加速阶段；在工业革命之后，职业分化进入第二次加速阶段。此后，每次新的技术革命都成为职业分化的催化剂。尽管职业分化过程中伴随着一些职业的消亡，但总体而言，职业的数量仍然呈现出高速增长的态势。各类职业的要求也变得越来越规范和细致。

在职业分化和演进的过程中，每个时代都体现出不同的特征。尤其在现代社会，职业的发展特征承载着现代社会文明和现代经济秩序的新要求。这是现代职业教育体系建设必须关注的重要问题。

第一节 现代职业教育的概念解析

一、职业一词的内涵

（一）多学科视野中的职业内涵

1. 语言学视野中的职业变迁

在近年来，随着职业教育规模的迅速扩大，越来越多的教育从业者开始关注职业教育本身的价值和合理性。作为职业教育的核心，学科体系的建设正处于关键时期。但是，受制于对职业和职业哲学基本理论研究的不足，职业教育学的地位和声誉在学科领域内部不断遭受挑战，限制了相关改革的深入实施。

从比较语言学的角度来看，职业的概念起源于社会的复杂分工。这种分工不仅揭示了职业的经济基础，还反映了社会阶级结构以及脑力劳动与体力劳动之间的对立。

在世界范围内，无论是在中国还是其他国家，职业的定义都经历了从具体到泛化，再到具体与泛化共存的转变。最初，职业通常指某一具体行业或工种；随着时间的推移，它的含义逐渐扩展到包括任何形式的有偿工作；今天，我们又趋向于强调特定职业的专业性和技能要求。职业的词性变迁，从名词到动词再到形容词，进一步展示了职业含义的丰富性和多样性。这些词性的变化不仅是语言的自然演进，也是社会经济发展和文化变迁的反映。

职业的意义随社会文化和经济环境的变化而演变，导致其在不同语境下可能产生冲突。例如，一个"工人"在传统语境中可能仅指从事体力劳动的人，但在现代语境中，这一职业标签可能扩展到包括各种形式的制造业和创造性工作。这种意义上的变迁和分化，为职业教育提出了新的挑战：如何在保持传统职业教育的基础上，调整和扩展其培训模式以适应职业定义的广泛化。

因此，职业教育必须在坚持其传统的狭义职业教育模式的同时，进行创新和调整。这包括对课程的重新设计，使其不仅仅是技能的培训，而是包括批判性思维、创新能力和适应未来市场需求的能力培养。此外，职业教育系统本身也需要进行深刻的结构性改革。这意味着不仅要改革课程内容，还要改善教育方法，引入更多的实践和实习机会，以及与工业界的密切合作，确保教育内容与职业市场的需求紧密对接。

最终，这些改革的目标是为各行各业培养出能够立足于现代社会的高素质劳动者，并通过建立一个广义的、现代化的职业教育体系，来确保每个人的职业发展既自由又全面。这种教育系统将不仅关注职业技能的培养，更强调全人教育，培养学生的社会责任感、创新精神和终身学习的能力。总体上，无论在汉语中还是在英语中，"职业"这一概念的含义和词性都经历了复杂的演变过程：从特定到广义，再到特定与广义并存，词性也从名词变化至形容词和动词。其内涵的深化使得用一句话精确定义职业变得愈加困难。

在古代汉语中，"职"主要表示"官事"，而"业"指代"四民之业"，即社会各阶层的职业。在英语中，词汇如"profession""vocation""calling"最初与宗教职务相关，随后扩展到一般职业的含义。这说明职业是社会分化的产物。在汉语文化中，职业的分类最初基于社会阶级的区分；在英语文化中，职业的划分首先体现在宗教与俗世间的区别，随后才是各行各业的内部区分。

探究古代汉字"职（職）"和"业（業）"的构成可以发现更深层的含义。

"职"的古体"職"包含了"聚合"的意义，表明职业往往是涉及多人共同参与的活动。"业"的小篆写法"業"，从"丵"（丛生草）字形变化而来，暗示了职业的多样性和丰富性，如同草木繁茂般生生不息。"百工之业"的说法进一步证明了职业种类的丰富多彩。

英语中，关于"职业"的多个词汇从不同角度揭示了职业的多维度性质。汉语中"职业"的概念从最初的阶级特定职业发展到现在强调职业技能专精和终身职业的阶段。英语中的"profession"通常指高度专业化的职业。这些变化反映了随着社会和技术的发展，职业逐渐专业化的趋势。职业规范化也随之而来，涉及职业的知识体系、技能要求和行为规范的明确规定，这些规范随时间积淀形成了各职业的文化和标准。

古体字"职（職）"的构成"从音从戈"揭示了职业具有统一规范的特点，即行业内的统一标准或指令。"vocation"一词的词根"voc-"（意为"声音"）与汉字"戠"的含义有着异曲同工之妙，都强调职业遵循共同的标准或听从统一的指令的特点。这些规范最终塑造了职业的身份和文化，反映了社会结构与文化价值的深层联系。

2. 社会学视野中的职业变迁

在社会学的视角下，职业的含义可以被分为三个主要的层面。

一是一般层面。职业不仅是赚取生计的方式，也与休闲时间交错，彼此为对方的目的和手段。

二是专业层面。职业可以视为控制社会资源的一种方式，其专业化水平越高，其控制力越强。

三是象征层面。在社会分工的背景下，职业代表着生产关系的符号，涵盖了多种对立的含义。

探讨职业的起源及其在一般和专业层面上的意义，可以揭示人类与自然的互动关系，即主体与客体之间的相互作用和影响。家庭和氏族内部的劳动分工反映了内部的工作关系，表现为分工与合作、互补与协作的关系；社会分工揭示了家庭、氏族以及社会各部门间的生产关系。在这样的社会分工背景下形成的职业实质上是生产关系的象征，它凝聚了个体的社会地位、形象、经济实力、政治权力、文化水平、技术能力和道德修养等关键要素。

职业作为社会大分工中的一种符号，体现了群体对个体的标记，而这种标记并非个体本身可以拥有或维持的。这表明，在家庭和氏族的劳动分工中，赋予的是如妻子、丈夫、父亲、母亲等个体角色，而不是社会角色。这些角色在家族内部的交换虽广泛，却基于情感互助，而非经济目的。

在家庭、氏族及其他社会部门间的角色交换主要基于经济交换。作为社会化的标记，职业的主要目的在于交换活动，基于直接或间接的经济互换（如宗教活动中精神与经济的互换）。因此，职业不只是个体身份的象征，更深刻地象征着社会关系和经济交换的复杂网络。

3. 政治经济学视野中的职业变迁

长期以来，由于受限于主客体二元对立的思维模式，基础性的职业研究一直未能有突破性进展。在政治经济学的范畴内，职业的定义往往围绕主体和客体两大维度展开，主要借助社会学、心理学、经济学、历史学和语言学等多学科的分析视角。简而言之，主体方面的职业是指人们所承担的工作或工作角色（如职业活动或职业角色）；客体方面的职业是社会所提供的工作类型和职位（如职业种类和岗位）。这种将职业研究二分为主客体的方法，实际上是从局部视角定义职业，而非从其整体特征出发，通常只能提供对职业的静态描述。这不仅难以深入理解职业的内涵，还容易引起混淆。

将职业简单定义为"个体的事业"缺乏严谨性；把职业仅视为"谋生手段"或"以谋生为目的"显得不妥；把职业当作"主要生活来源的工作"不够准确；认为职业基于"市场交换驱动的分工"不全面；将职业限定为"社会生产或服务性专业活动"不够周密。尽管国内外众多学者已对职业的内涵和特征提出许多洞见，但由于对职业本质的理解不够精准，对职业内涵的概述常显不足。为了更准确地界定职业，仍需要进一步深入探讨其本质特征。实际上，判断一项劳动是否可称为职业，需要考虑以下几个关键要素。

一是社会分工的角色。社会分工不仅是职业形成的基础，也是其存在的根本原因。在历史发展的过程中，随着人类社会的复杂化和技术的进步，工作职能开始专业化和细分。这种分工使个体能够专注于特定的技能和任务，从而提高整个社会的效率和产出。因此，职业的形成与社会结构的演变和经济需求的增长密切相关。

二是职业目标的多样性。职业的主要目标是实现某种形式的社会交换，这种交换既可以是市场交换，如商品和服务的买卖，也可以是非市场交换，如宗教活动中的精神支持和社区服务。这表明职业不仅仅是经济活动，还包括社会文化活动和个人成就感的实现，这些都是现代社会中不可或缺的组成部分。

三是动力机制的复合性。职业的推动力是复杂的，包括职业群体的内部动机和外部的社会需求。在职业群体内部，个体追求的可能是金钱、声望、自我实现等，这些动机成为推动职业发展的内在驱动力。同时，社会需求的变化，如市场需求、技术革新或政策调整，作为外部因素影响职业的形态和发展方向。

四是职业本质的垄断性。职业的核心在于对特定资源的垄断性使用和管理。这种垄断不仅限于物理资源，也包括知识、技能、市场信息等。通过对这些资源的控制和优化使用，职业群体能够维持其市场地位和经济利益，进一步影响社会经济结构。

五是社会劳动的扩展理解。职业是社会劳动分工的产物，体现了社会劳动的组织和进展。社会劳动不仅包括物理上的生产活动，还涵盖服务、管理、研发等多方面。职业作为社会劳动的一部分，反映了劳动的社会性和经济性，是连接个人能力与社会需求的重要纽带。

这些扩展的解释不仅描绘了职业的功能和重要性，还突出了职业在现代社会中的多维角色，包括其在经济、文化和社会发展中的作用。通过深入理解这些特征，可以更全面地认识职业的多样性和复杂性。

因此，职业可以定义为：在社会分工的背景下，由不同群体的内部动力和社会需求的外部驱动力共同推动，目的在于通过社会交换对某些资源进行垄断性管理的社会劳动。职业的垄断性具有多重含义，涉及制度性、社会性的空间范围、动机的双重性、目标的互惠性、内容的稀缺性、时间维度的连续性以及结果的多义性。

虽然职业的核心特征对维系社会群体和社会发展至关重要，但它带来了一些不良影响。马克思和恩格斯是最早关注这一问题的思想家，他们讨论了职业对个体性格、能力以及个人发展的负面作用。事实上，职业对社会和职业主体产生的负面影响是多方面的。

在社会层面上，职业的负面效应主要表现在对社会习俗、生活方式的影响，以及在政治、经济、文化和教育等方面强化了明显的阶层（阶级）划分。现行的职业教育乃至整个教育体系，也在不知不觉中为这种不平等的社会流动体系效劳。职业的垄断特性在社会层面造成了阶层间互动的障碍，加剧了社会分化，增加了社会交流和流动的成本与难度，从而削弱了职业及职业教育的创新能力。

在个体层面，职业的负面效应涉及生理和心理的多个方面，有时甚至可能出现"代际遗传"。这些主要表现为职业的垄断性质限制了人们掌握知识和技能的广度，阻碍了个人智力和能力的自由、全面及多元化发展；长时间只使用部分身体器官，对身体健康造成不利影响；职业活动和环境的限制可能严重损害心理健康，增加了职业生涯的风险性。

职业的这些负面影响根源于职业群体在社会分工中形成的自我保护机制，目的是保护自身利益并提高交换利益（包括利润和其他好处）。虽然现代职业教育体系难以从根本上消除这些问题，但通过有效的措施可以削弱或弥补其不良影响。这需要从改善职业主体的外部环境和职业主体本身两方面入手，进行全面深入的解决。

（二）现代职业的特征

尽管上述研究已经概括了职业的本质内涵，但随着时代的发展，职业表现出新的特征，这是现代职业教育体系必须注意的重要因素。

1. 职业的时代维度

要全面理解职业的现代特征，首先需要确切认识我们所处的时代背景。"时代"这一概念包含了多重含义：从字面上解释，时代是根据经济、政治、文化等因素划分的特定历史期间；从社会表层认识看，时代指的是对重大社会历史事件及其引发的社会关系变化的总称；从更深层的社会认知来看，时代是我们认识社会发展进程的一个时空坐标系统。显然，时代是我们对发展进程的感知与理解。有观点认为，这种发展既可以是社会发展的时代，也可以是经济发展的时代。因此，不同的时代理解和划分标准将导致不同的研究结论。例如，一些研究根据单形态论划分社会发展时代，而经济发展时代的划分更倾向于复合形态论。

2. 单形态论与社会发展的时代划分

在单形态论指导下的社会发展时代划分可能存在不一致性。目前，这种单形态论的划分标准主要包括生产力标准、生产关系标准、产业结构标准、政治标准、意识形态标准、文明形态或广义文化标准、社会主体标准等七大类。例如，若以某一生产力要素的发展作为时代划分的标准，我们可以认为现在是从大机器时代过渡到机器人时代，从电力时代过渡到核能时代；如果以生产力内部各要素结构与地位的变化来定义时代，我们则处于资本时代；若以生产力的总体发展水平为标准，我们正处于现代生产力阶段。

这些标准中，马克思主义学说将人类社会发展按照生产力、生产关系和生产方式的不同，划分为原始社会、奴隶社会、封建社会、资本主义社会和共产主义社会的"五形态"或"六形态"。目前，中国正处于社会主义初级阶段。

3. 复合形态论与经济发展的时代划分

采用"复合形态论"作为标准来划分人类社会经济发展的时代，结果显示更为有意义。尽管社会经济的形态发展与传统的"五形态"论中的社会形态大致相符，但经济形态可以进一步细分为社会经济形态和技术经济形态，这两者存在明显差异。基于马克思主义的分析框架，以及对知识经济和信息经济特征的现代研究，可以认为人类的经济发展经历了原始经济、农业经济、工业经济和知识经济这四种不同的技术经济形态。

历史表明，从未有过纯粹的农业经济、工业经济或知识经济形态的单一时代。因此，不存在理想化的单一农业经济时代、工业经济时代或知识经济时代。通常所说的农业经济时代、工业经济时代、知识经济时代等，实际上是指在某个特定历史阶段，某种经济形态占主导地位的时代。因此，采用"一元经济时代""二元经济时代""三元经济时代""四元经济时代"等进行时代划分可能更加合理。我们目前处于四元经济时代，这是一个后工业经济主导的时代，同时也是工业经济向知识经济过渡的重要"十字路口"。

4. 现代职业的主要特征

在被称为知识经济时代的今天，传统产业与虚拟经济、知识经济和网络经济深度融合。这一时代的显著特征包括以电子商务为主要的交易方式、经济全球化趋势、以高科技和信息技术为增长动力、资源集约化、共享资源以及人类无限的供应能力，其中知识和智力资源成为核心的生产要素。

在这样的经济和技术背景下，如美国未来学家托夫勒所述，"任何工作都是暂时的，任何工作都是一种学习活动"，我们的当前任务应当是成为掌握多门知识的综合家，而非仅仅专注于某一专项问题的分析家。

因此，现代职业人不仅需要掌握特定的职业技能或专业知识，而且要具备持续学习的能力，掌握广泛而深入的综合知识，并能够在需要时迅速适应新的职业角色。现代职业的特点主要体现在以下几个方面。

第一，职业类型的转变。知识型职业和智慧型职业的需求逐渐增加，而传统的体力型和技能型职业在减少。这一趋势迫使我们重新审视泰罗的科学管理理论。这套理论主要是针对工业时代的生产线和手工操作设计的。现在，随着工作内容的智能化和自动化，对职业的管理和组织方式需要进行创新和调整。

第二，工作时间与形式的灵活性。部分时间制和弹性职业的兴起反映了现代工作环境对灵活性的高度需求。与此同时，固定型、稳定型职业在减少，职业流动性和变迁的频率显著增加。这种变化为职业生涯规划带来了新的挑战和机遇，职业人需要适应更加多变和不确定的工作环境。

第三，职业的知识和技术要求。职业中所需的知识和技术含量明显增加，同时对职业技能的广度提出了更高要求，而对技能的熟练度要求相对降低。这表明，现代职业更加重视跨领域知识的整合能力和快速学习新技能的能力，而不仅仅是单一技能的精湛操作。

第四，职业的社会性变化。个体性职业在减少，团体性职业在增加。这种趋势表明，在现代工作环境中，协作和团队工作的重要性日益凸显。团队内的互动和协作成为完成任务和创新的关键，个体需要具备良好的团队合作精神和沟通能力。

第五，技术更新的加速。技术的快速更新促使职业内容频繁更迭，职业人必须不断地更新自己的知识和技能以跟上时代的步伐。这一现象在科技、信息技术和通信等领域表现得尤为明显，对终身学习的需求更为迫切。

二、现代职业教育的分类与分层

无论学术领域如何探讨职业教育的理论内涵，实践中的职业教育始终与经济和技术的需求紧密相连，经历从教育、社会、经济系统中的孕育、分化、裂解到整合的过程。当前，职业教育已经成为教育体系中不可或缺的一部分。在中国，中等职业教育以及其他形式的职业教育已占据了同等教育层次的重要位置。这包括学校职业教育和职业培训，它们共同构成了职业教育的主要形态。

然而，面对职业教育和培训的验收与评估，我们能否采用统一的质量评价标准来衡量？不同层次和类型的职业教育能否平等享受国家的财政补贴？应依据何种标准来进行这些补贴？在强调以人为本和终身学习的今天，如何实现不同级别职业教育成果的相互认可与转换？国际间的职业教育贸易和认证应如何进行？这些问题凸显了对职业教育分类和分层问题的深入探讨的必要性，这是构建现代职业教育体系的重要基础。

（一）现代职业教育的分类问题

职业教育的分类问题本身就是一个复杂的议题，目前还没有一个统一的科学分类理论和标准。因此，在法律和政策的框架之外，还有很大的讨论空间。现有的研究提出了多种职业教育的分类标准。

第一，按办学目的划分，职业教育主要分为学校职业教育和职业培训两大类。学校职业教育主要致力于提供系统的教育课程和实践技能训练，为学生颁发学历证书，培养学生将来在专业领域中的职业生涯。相对而言，职业培训更多关注短期技能提升，通常不颁发学历证书，而是发放培训证书或资格证书，这类培训旨在帮助在职人员或求职者快速掌握特定技能，提高就业竞争力。

第二，按主管部门划分，学校职业教育可分为几个不同的类别，包括教育部职业教育与成人教育司主管的全日制学历职业教育、职业高中及成人职业教育；技工教育则由人力资源和社会保障部主管。此外，职业培训也涉及多个管理部门，包括教育系统主管的教师岗前培训和在职进修培训，以及人力资源和社会保障部主管的各类社会培训、企业职工继续教育和公务员培训等。

第三，按学习对象划分，职业教育根据不同的教育需求，可以进一步细分为普通职业教育、特殊职业教育（如残疾人职业教育）、女子职业教育以及成人职业教育。这些分类允许教育机构根据特定群体的需求设计专门的课程和服务，以满足不同学习者的具体需求。

第四，按举办性质划分，职业教育按照办学主体的性质，可以分为公办职业教育、民办职业教育及公私合办职业教育。公办学校通常由政府资助和管理，而民办学校则由私人或独立机构运营。公私合办模式则是政府与私人机构共同合作，充分利用双方资源优势提供职业教育服务。

此外，一些学者提出以使人"成为工作者"的目的作为分类标准，将职业教育分为"普通教育中的技术和职业教育""针对专门化职业的技术和职业教育""继续教育性质的技术和职业教育"。这与按时间顺序划分的"职业启蒙教育、职业准备教育、职业继续教育"的分类在实质上是一致的。2011年，《国际教育标准分类法》（ISCED）对职业教育进行了分类，这一分类方法提供了有价值的参考。

（二）现代职业教育的分层问题

职业教育的层次结构初看似乎清晰简单，但实际上，当涉及具体如何制定职业资格证书、认定所需的能力或技能标准时，这一体系就显得格外复杂和难以把握。在我国，职业教育的等级是依据学生的学龄和相应的法律法规来划分的，具体分为初级、中级和高级三个层次。与此同时，职业培训的认证过程则是基于一个完善的职业资格体系，这种制度设计旨在确保培训质量与市场需求的匹配。

在国际视角中，例如欧盟、英国和澳大利亚等，他们采用了统一的职业资格框架——全国职业资格框架（The National Qualifications Framework，简称 NQF）来进行职业教育的级别划分。这种框架通过提供一个清晰的级别体系，不仅促进了教育质量的提升，还有助于不同国家之间教育资质的相互认可和人才的自由流动。

此外，俄罗斯的例子也同样引人注目。1992 年，《俄罗斯联邦教育法》颁布后，教育体系中引入一个较为宽泛的"职业"概念。该法律将职业教育细分为初等职业教育、中等职业教育、职业教育及大学后职业教育四大类，独特之处在于高等教育也被纳入了职业教育的范畴。这种改革的目的在于改变人们传统上对职业教育的轻视看法，强调职业教育同样重要且具有高等教育的属性。然而，这种大刀阔斧的改革也引发了关于可能降低高等教育质量的担忧。这表明在推动教育改革的同时，需要平衡各方面的利益和期望，确保教育改革既能提升职业教育的地位，又能保持高等教育的严谨性和深度。

三、现代职业教育体系的内涵解析

根据现代系统科学的观点，现代职业教育体系必须能够整体反映其本质属性。要准确把握这一体系的内涵，必须从其与环境（即社会经济）和主体之间的关系着手，并结合空间和时间两个维度进行综合考察。

（一）从系统的时空特性探析现代职业教育体系的内涵

虽然一些学者尝试将现代职业教育体系的内涵界定为"中高职衔接、职普融通""适应社会经济发展的需求""人的可持续发展"等几个关键方面，但这些分析并没有深入探讨这些元素之间的深层次联系。

通过对时间和空间两个维度的深入分析，我们可以识别出现行职业教育体系中存在的三个主要规律性特点。

第一，空间维度的二元对立。职业教育体系在地理分布上呈现出显著的二元分化，这种分化对职业教育的进步以及学习者的个人发展形成了障碍。例如，职业教育与普通教育之间的明显分离极大地限制了职业教育学生进入普通高等教育的机会。

第二，时间维度的间断性。职业教育体系在时间连续性上存在明显断层，这导致学习者的职业发展不连贯。比如，中高职的不衔接、职普的不融通，使职业教育体系难以有效支持学习者的升学、就业及职业转换等多元化需求。

第三，时空交错的割裂性。职业教育体系在空间和时间的维度上表现出难以克服的割裂或二元对立性，这限制了学习者在不同地点的学籍自由流动，以及灵活地转换工作和接受教育的权利。例如，灵活的学制和完整的学分制度尚未建立，柔性的职业教育人才培养体系难以实现。

这三个特点之间存在重要的内在联系：当前职业教育体系问题的核心，在于空间维度的二元对立在时间维度上转化为强大的障碍。空间上的二元对立主要表现为对社会经济结构的不适应，而时间维度上的障碍主要表现为不满足职业教育主体（尤其是学习者）的发展需求。

因此，现代职业教育体系在空间维度上的二元对立特性，实际上是以牺牲职业教育系统的可持续发展和教育参与者（师生）的可持续发展为代价的。此外，职业教育体系的空间转移与时间推进的不同步，意味着职业教育的"现代性"并未能与其应具备的"现代质"相匹配。

（二）从系统与环境之间的关系考察现代职业教育体系的内涵

现代职业教育体系构成了一个由"环境-体系-主体"三大核心组成部分紧密相连的共生系统。因此，深入理解现代职业教育的本质，需要从这三大要素的互动机制开始探讨。

从现代职业教育体系的分析模型及其实际运作来看，该体系的空间维度主要受其所在环境的影响，包括地理位置、依托的产业和企业等因素。职业教育的地理分布与经济发展模式、产业结构及其发展水平紧密相连。由于经济发展的不均衡和分层特征，职业教育在地理空间上呈现出明显的多样性，这种多样性的衡量标准通常是经济的有机构成水平。在时间维度上，职业教育体系所展示的是其随社会经济发展而达到的整体进步水平，这可以通过教育发展指数（Education Development Index，简称EDI）来衡量。

现代职业教育体系需适应产业在空间上的多样性、不均衡性和层次性，同时也需应对产业在时间维度上的阶段性变化和发展动态。在构建现代职业教育体系的过程中，虽然学者强调了其服务于现代社会经济的能力，但这种能力的有效发挥最终取决于体系内部主体的可持续发展能力。教育体系的核心参与者包括学习者和教育者，其内涵的探讨还需从系统与主体间的关系出发。

观察系统与主体的关系，现代职业教育体系必须满足主体在空间上的多元需求，并在时间上保证师生职业生涯的连续性发展。例如，学生的需求可能包括升学、就业或职业转换，而教师则可能寻求进修和职称晋升的机会。职业教育体系应在空间维度上满足这些需求，并在时间维度上维持其发展的连续性。

尽管现代职业教育体系构成了一个庞大而复杂的系统，其建设的核心目标在于调节职业教育与社会经济之间的关系，以促进主体的可持续发展。职业教育主体主要生活在不断变化的社会经济环境中，而主体的发展（尤其是职业生涯的发展）依赖于这一环境。按照马斯洛的需求层次理论，主体的需求具有发展性，其发展反映了对特定资源的需求。

因此，现代职业教育体系的功能在于协调环境与主体之间的经济构成和发展需求的关系。其价值在于通过解决"体系–环境"和"体系–主体"之间的关系，解决环境与主体之间的潜在矛盾，从而实现主体在环境中的自由发展和社会抱负。为此，现代职业教育体系必须坚持以人为本的原则，适应社会经济结构的变化，有效解决"体系–环境"和"体系–主体"之间的矛盾，实现主体在环境中的可持续发展。

（三）从系统本体的结构和要素层面分析现代职业教育体系的内涵

四、现代职业教育体系内涵的重构

依据系统论的观点，"整体不等于部分之和"，现代职业教育体系的内涵不应简单视为其各构成层面特性的堆砌。像系统性、现代性、开放性、终身性、融通性、协调性、公益性和可持续性这类单一特性，不宜直接作为现代职业教育体系的内涵。换句话说，现代职业教育体系的内涵应是这些特性的有机整合，以此体现其独有的价值和意义。

（一）重构现代职业教育体系的内涵

现代职业教育体系的内涵应该是在时间、空间、关系链和本体四个维度中实现的有机融合，以此全面且系统地展现其本质。

1. 时间维度

时间维度强调的是职业教育体系的历史传承与未来展望。这意味着职业教育应汲取历史教育改革的经验，融入历史上的优质教育模式，同时规避过去的弊端。它需要与当前的社会经济发展和市场需求保持同步，采用合时的教育政策和教学方法，同时具备前瞻性，预测未来的社会和经济发展趋势，培养符合未来需求的人才。

2. 空间维度

在空间维度上，职业教育体系需要合理配置和高效利用教育资源。它应促进系统内部各层次和类别的协调发展，确保与社会、产业和企业的紧密结合，形成开放的教育网络。职业教育的国际化和竞争力应通过引入国际教育资源和管理经验来提升。

3. 关系链维度

关系链维度关注的是体系内部元素之间的协调和互动。职业教育应以人为本，关注学生的全面发展，为学生提供个性化的职业发展路径和教育培训。同时，职业教育应具备适应市场需求的灵活性，不断创新课程体系和教学模式，以满足不同学生的需求。

4. 本体维度

本体维度着重于职业教育体系自身的定位和特色。职业教育应清晰界定其在整体教育体系中的地位和作用，根据社会和市场需求设定培养目标和发展方向。同时，应发展具有地方特色的专业和学科，以提高其吸引力和竞争力。

总体而言，现代职业教育体系的内涵应是这四个维度的有机合成，即在时间上是传承与创新的融合，在空间上是内部协调与外部开放的互动，在关系链上是人本思想和灵活适应的实践，在本体上是准确定位与特色发展的体现。这种多维度的融合使现代职业教育体系能够全面应对社会经济的变迁，满足不同学生在职业生涯中的多样化需求，促进职业教育的持续发展。

（二）现代职业教育体系的适应性

现代职业教育体系的内涵应具备强大的适应性，以应对社会经济结构的持续变化和产业工人的多样化需求，同时满足各类主体在职业生涯发展过程中的多元学习需求。这种适应性体现在以下几个方面。

1. 系统与环境的关系

现代职业教育体系的空间维度应考虑地理位置的战略布局及其与地区经济发展模式的匹配性。职业教育的地理分布需优化，以确保教育资源的高效利用和广泛覆盖。这种布局应顺应当地的经济发展和产业需求，确保职业教育能够培养出市场所需的高技能劳动力。在时间维度上，职业教育系统必须展示其发展的持续性和前瞻性，不断更新教育政策和教学方法以匹配社会经济的快速变化，从而确保教育的持久有效性。

2. 系统与主体的关系

现代职业教育体系应能够响应主体在空间维度上的多样化需求。这意味着职业教育不仅应覆盖不同地理区域和产业，还应具备高度的灵活性，以适应个人在职业生涯不同阶段的需求。教育资源和支持应普遍可达，无论是在城市还是乡村，新兴行业还是传统行业。在时间维度上，职业教育应建立全面的生涯支持系统，从入学到就业及职业发展，为学习者提供连续的学习和成长支持。

3. 环境与主体的关系

职业教育的核心任务是协调教育系统与社会经济之间的关系，以促进主体的可持续发展。这要求职业教育系统持续关注经济发展趋势，并根据这些变化灵活调整教育内容和策略。同时，教育体系应着眼于满足学习者的发展需求，提供多样化的教育和培训机会，帮助他们提升职业技能和个人素质。

职业教育体系必须能够满足不同主体及同一主体在其职业生涯不同阶段的多样化需求，从而解决环境、主体之间的潜在矛盾。这包括提供全日制教育、在职培训和继续教育等灵活多样的学习模式，以适应不同背景和需求的学习者。

综上所述，现代职业教育体系的内涵应当是其适应性的体现，能够灵活应对社会经济的变化和满足多元化的教育需求，支持学习者在职业生涯中的持续发展。这种适应性是职业教育实现其社会功能和促进经济发展的关键。

(三) 实现现代职业教育体系的目标

1. 构建全方位职业教育体系

（1）终身学习导向。现代职业教育体系应涵盖个人从职业启蒙、职业准备到继续职业教育的全生命周期。此体系应超越学校教育的范围，融入社会职业培训和企业内部培训，确保人们在职业生涯的各阶段均能接受适当的教育和支持。

（2）学校职业教育。在学校教育阶段，应提供全面的职业启蒙和准备教育，使学生对职业世界有初步了解并掌握基本技能，为他们的职业生涯打下坚实基础。

（3）社会职业培训。社会阶段的职业教育应通过社区教育和在线课程等方式，持续提供职业培训和再培训，帮助人们提升职业技能，适应工作环境和市场需求的变化。

（4）企业职业培训。企业职业培训应根据具体的业务需求设计，通过有针对性的职业培训提升员工能力和素质，支持企业的发展和创新。

2. 适应多元化的社会经济和文化

（1）区域经济适应性。现代职业教育体系需要根据不同地区的经济发展水平和产业特点，提供定制化的教育解决方案，确保职业教育能满足当地的经济和社会发展需求。

（2）国际视野与文化适应。在全球化的大背景下，职业教育应积极吸收国际先进理念和实践，提升中国职业教育的国际地位。同时，应弘扬中国的职业教育文化，增强文化自信，推动中国文化在全球的影响力。

3. 传承与创新

（1）优秀教育文化的传承。职业教育发展中应重视继承和弘扬优秀的教育文化遗产，吸收传统教育的精华，并结合现代教育理念，打造具有中国特色的职业教育模式。

（2）应对教育改革需求。面对职业教育当前的挑战和问题，应积极推动教育改革，持续优化职业教育系统，提高教育的质量和效率，确保教育体系能够满足时代的要求。

（3）未来发展的前瞻性。职业教育系统需要具备前瞻性，进行合理的总体规划，确保教育内容和方法能够与科技进步和产业发展同步，培养未来社会所需的高素质、适应性强的技术和技能人才。

第二节 现代职业教育体系的结构框架

现代职业教育体系的内涵决定了其建设目标，而其结构框架则界定了建设任务的范围和层次，包括任务的广度和深度。广度指的是横向分解的任务数量，深度是纵向分解的层次。现有的官方文件和研究未能充分探讨现代职业教育体系的结构框架，导致在实际改革中难以明确各项任务的优先级和具体标准。例如，教育部的"三步走"战略目标缺乏细化，导致操作和执行困难。因此，有必要在研究其内涵的基础上，进一步完善现代职业教育体系的结构框架。

一、现代职业教育体系的边界

现代职业教育体系的外延应涵盖全球范围内的所有职业教育类型，包括国际与国内的各种职业教育实践。然而，这一定义的界限并非总是清晰明确。例如，是否应该将新设立的本科院校纳入现代职业教育体系中，这类问题仍需仔细考虑和界定。

（一）现代职业教育体系的横向边界

随着我国政治、经济、教育等体制的不断改革，社会各部门之间以及部门内部的劳动分工和权益分化越来越细化。教育逐渐从政治、经济部门中独立出来，形成一个相对独立的社会子系统。这种分化不仅是社会系统结构的分化过程，也是权益的重新分配过程。虽然各社会子系统获得的权益会被重视，但它们仍需相互合作，尤其在社会化大生产的背景下，教育和经济系统在劳动力市场中通过市场交换实现合作，协调和满足人才供需的矛盾。

在社会各子系统中，教育、经济和政治实质上构成了人才的生产和再生产链条的不同环节，其中每个环节享有不同层次的教育权益。基于社会大生产理论和教育权益的概念，可以将经济部门的物质生产和教育部门的精神生产整合，构建一个既相对独立又相互联系的教育权益连续体。

现代职业教育体系的横向结构应涵盖多种教育提供和管理的权利层级，包括直接行使的公共职业教育提供权、公共职业教育管理权、准公共职业教育提供权、私有职业教育提供权以及间接行使的准公共职业教育管理权。在这个结构中，私有职业教育提供权是体系的临界点。与职业教育相关的研究机构、中介组织、传媒出版以及教育慈善机构等构成了该体系的扩展部分。

（二）现代职业教育体系的纵向边界

探讨现代职业教育体系的纵向边界，主要目的是明确学校职业教育的层次。各次工业革命的发展，对劳动者的文化和技术水平要求不断提升：第一次工业革命要求劳动者具有小学文化程度，第二次工业革命要求劳动者具有初中文化程度，第三次工业革命要求劳动者具有高中文化程度和职业化训练，现代信息化工业革命要求高等教育的普及。我国地域辽阔，生产力发展不均衡，因此学校职业教育初、中、高三个等级并存。2008年全球金融危机以来，我国经济发达地区的产业结构进一步提升，专科层次的职业教育已不足以满足需求，职业教育继续向本科层次发展成为趋势。

尽管国家尚未全面放开高等职业院校升格为本科院校，但已有多所专科层次的高等职业院校升格为本科层次。教育部也在考虑将新建本科院校纳入职业教育体系。然而，社会经济的有机构成是否需要更高层次的职业教育人才，以及现有产业能否提供足够的岗位，这些都是需要慎重考虑的问题。如果高层次职业教育人才的需求不大，将这些人才培养纳入普通高等教育体系可能更为合理。2011年的《国际教育标准分类法》将大专层次以上、具有职业教育和学术教育特征的高等教育称为专业教育（professional education），可见当前应用型本科及以上层次的教育不宜划归现代职业教育体系。

随着我国社会经济的发展，本科层次职业教育人才的需求将继续上升，届时再将现代职业教育体系的边界上移才是合适的选择。因此，现代职业教育体系的边界是动态的。应用型本科与高职高专的区分度也需要明确：应用型本科大学培养的是具备沟通工程师和技术人员专业素质的助理级别职称预备人员，重在结合社会经济发展需求，对已有知识和技术进行整合；高职高专重在专业知识和技术技能的应用，培养的是产业部门所需的技术员。因此，应用型本科大学的人才培养目标是复合型、应用型的初级工程师，而高职高专则培养产业工人中的技术员。

二、现代职业教育体系的本体

(一) 现代职业教育体系本体的内涵

在这里,"本体"并不是指其哲学意义,而是指"主体",即"机器、工程等的主要部分"。根据对职业及职业教育内涵演进的分析,现代职业教育体系的本体不能仅仅局限于学校职业教育,也不能泛指所有的职业教育,而应当在系统科学视角下,将其划分为组织层、表现层、规则层和环境层四个层面。显然,环境层并非系统的主体,只有组织层、表现层和规则层才是现代职业教育体系的主体。因此,明确职业教育的组织层包含哪些部分,是确定现代职业教育本体的关键。

(二) 现代职业教育体系本体的界定依据

界定现代职业教育体系本体的依据大致有法律依据、经济依据、学理依据和边界依据四。法律依据是根据职业教育相关法律对现代职业教育体系本体所做的规定,属于内部依据。经济依据是根据外部经济对职业教育需求所做出的理性判断,属于外部依据。学理依据是根据国内外职业教育体系的历史进程和发展趋势、社会经济发展需求、学习者个体发展需求、职业教育体系与其他教育体系的共生态势等多种因素,对现代职业教育体系本体所做的理想判断,属于理论依据。边界依据是根据社会部门的横向分工、教育部门的横向分工、职业教育部门的纵向分工以及职业教育学习者生涯发展四个维度来确定现代职业教育体系的边界,从而确定其本体,属于实践依据。

通过这四种依据,可以全面地界定现代职业教育体系的本体,确保其在组织层、表现层和规则层的主体地位,从而有效指导职业教育的改革与发展。

1. 法律依据

法律依据是根据职业教育相关法律对现代职业教育体系本体所做的规定。然而,这种国家层面的法律界定在某种意义上具有有限的权威性,因为职业教育相关法律实际上属于职业教育体系的规则层。

根据1996年施行的《中华人民共和国职业教育法》,职业教育体系的主体在各个层次上做了如下规定。

（1）职业教育体系组织层的规定

职业教育的提供者包括各级各类职业学校教育和各种形式的职业培训，但明确排除国家机关对其工作人员的专门培训。此外，教师岗前培训和在职进修、军队干部培训以及社会提供的非职业培训（如文艺、休闲培训）也被排除在外。

对于职业学校教育，法律规定了初等、中等和高等职业学校教育三个层次，由相应的学校实施。此外，普通高等学校和其他有能力的学校也可以根据教育行政部门的规划实施职业教育。

职业培训包括从业前培训、转业培训、学徒培训、在岗培训、转岗培训及其他职业性培训，并可分为初、中、高三个等级。职业培训机构可以由职业学校、其他教育机构、企业、事业组织、社会团体及公民个人举办；境外组织和个人也可在中国境内举办职业学校和培训机构。

职业教育的管理者包括国务院教育行政部门、劳动行政部门、其他相关部门和县级以上地方各级人民政府。受教育对象特别提及妇女和残疾人。此外，还对师资、教学场所、设施、设备、办学资金和经费来源等物质条件做出了规定。

（2）职业教育体系表现层的规定

《中华人民共和国职业教育法》认为职业教育的功能在于提高劳动者素质，促进社会主义现代化建设，促进经济、社会发展和劳动就业。

（3）职业教育体系规则层的规定

《中华人民共和国职业教育法》的母法是《中华人民共和国教育法》和《中华人民共和国劳动法》，职业教育体系的其他制度保障还包括学历证书、培训证书和职业资格证书制度以及教师资格制度等。

虽然这些规定看似完善，但由于法律体系的相对稳定性，这种内部规定总是会滞后于外部环境的发展。近年来，随着经济有机构成的提高，职业教育层次不断提升，对职业教育的认识也在变化，例如，俄罗斯提出了比职业教育层次更高的大学后职业教育。因此，法律只能规范其颁布时的职业教育体系主体，而对未来职业教育体系主体的预见和约束力较弱，仍需从社会经济的发展角度探讨现代职业教育体系的本体。

2. 经济依据

近年来，随着国际竞争在资源、技术和人才领域的加剧，中国必须在国际产业链中调整自身的定位。为此，国务院多次强调要加快经济发展方式的转变和产业结构的调整，形象地称为产业升级，实际上是提高产业经济的技术含量，其根本目的是提升劳动力素质或人力资本的构成。这正是建设现代职业教育体系的经济依据。《国家中长期教育改革和发展规划纲要（2010—2020）》（简称《规划纲要》）对现代职业教育体系的主体进行了宏观的界定，具体如下。

（1）组织层

《规划纲要》规定了"学校教育与职业培训并举，全日制与非全日制并重"的办学体制架构。这既是对 1996 年《中华人民共和国职业教育法》的延续，也是对现有职业教育体系的突破，鼓励行业组织和企业举办职业学校。然而，《规划纲要》并未详细回答职业教育是否需要继续提升、新的办学机制中行业协会等中介组织的身份等问题。

（2）表现层

《规划纲要》提出了职业教育在推动经济发展、促进就业、改善民生、解决"三农"问题、缓解劳动力供求结构矛盾等方面的社会经济功能，并强调职业教育应体现终身教育理念，满足人民群众的需求，同时适应经济发展方式的转变和产业结构的调整，满足社会对高素质劳动者和技能型人才的需求。

（3）规则层

新的职业教育法尚未出台，现代职业教育体系建设的法律依托仍是1996年的《中华人民共和国职业教育法》。此外，职业学校基本办学标准、校企合作办学法规、职业教育质量标准、国家职业资格框架、职业教育教师资格制度、实习实训等法律亟待建立，目前仍停留在学术讨论范围内。

综上所述，目前所称的"现代职业教育体系"主要基于现代产业的视角，通过促进职业教育与产业结构的相互协调，提高其服务现代产业和经济发展的能力。然而，《规划纲要》作为纲领性文件，并未详细界定现代职业教育体系的主体，存在一定的缺陷。在《关于深化现代职业教育体系建设改革的意见》这一文件中，现代职业教育体系包含以下几个方面。

（1）结构和功能。现代职业教育体系是一个多层次、多类型、开放的教育体系，覆盖中等职业教育、职业教育和继续教育等多个层次，兼顾学校职业教育和职业培训两大类型。

（2）产教融合。强调产教深度融合，将职业教育与产业发展紧密结合，推动教育链、人才链与产业链、创新链的有机衔接，确保职业教育能够直接服务于经济社会的发展。

（3）协同发展。通过部省协同、省域示范、市域试点等多种模式，推动职业教育的区域协调发展，形成区域内教育与经济协同发展、教育与社会需求同步发展的良好局面。

（4）终身教育理念。体系内涵了终身教育理念，通过健全职教高考制度、畅通学生成长通道等措施，构建适应终身学习需求的职业教育体系，支持学习者的多样化发展路径。

（5）多元办学。鼓励社会力量参与职业教育，通过建立多元办学模式，完善职业教育治理结构，提高职业教育办学质量和办学水平。

综上所述，现代职业教育体系是一个结构完善、功能齐全、开放多元、产教融合、终身教育的综合体系，旨在培养高素质技术技能人才，服务于国家经济社会发展需求。

3. 学理依据

学理依据主要通过学术层面的考察，基于历史传承、现实需求和未来展望，综合社会经济发展和学习者个体发展的双重价值追求，建立现代职业教育体系的理想模型。这需要在融合法律依据和经济依据的基础上进行必要的补充和完善。

（1）组织层面

在组织层面，必须重新界定职业教育提供者的范围。不仅包括直接提供职业教育和职业培训的机构与各级职业教育行政管理机构，还应纳入参与职业教育活动或校企合作的企业、职业教育研究机构、职业教育学会、社会中介组织、行业协会、企业协会以及职业教育的传媒机构。2011版《国际教育标准分类法》中的专业教育（professional education）的分类方式相对更科学，确保了高等教育的等级特色，避免质量滑坡，同时突出了职业教育升级的路径，避免其滑入高等学术性教育的误区。

（2）表现层面

在表现层面，《规划纲要》的相关规定可以作为现阶段现代职业教育体系建设的基础和依托。此规划强调了职业教育在推动经济发展、促进就业、改善民生等方面的重要作用，体现了现代职业教育的双重价值。

（3）规则层面

在规则层面，除了法律和制度依据，还需注意各个法律之间的体系化设计，使它们能够相互配套。例如，在校企合作过程中，需要协调国家税收制度与校企合作促进法、顶岗实习制度与《中华人民共和国劳动法》之间的关系，以确保各项制度的相互衔接和有效实施。

4. 边界依据

从"现代职业教育体系的本体、延伸体和边界"来看，现代职业教育体系的边界并不具有一致性，需要从多个维度进行考察和定义。

（1）社会部门横向分工维度

在社会部门的横向分工维度上，现代职业教育体系的边界止于直接或完全行使公共职业教育提供权的行业企业培训。也就是说，行业企业在提供职业培训的过程中，只要涉及公共职业教育的内容，便属于现代职业教育体系的范畴。

（2）教育部门横向分工维度

在教育部门的横向分工维度上，现代职业教育体系的边界止于直接或完全行使公共职业教育管理权的学校职业教育，并且在层次上最高截止到职业教育。这意味着，职业教育体系在学校教育中，最高层次为职业教育。

（3）职业教育学习者生涯发展维度

从职业教育学习者生涯发展纬度来看，现代职业教育体系的边界涵盖了职业启蒙教育之外的职业人员整个职业生涯中的职业教育。也就是说，职业教育不应局限于初始阶段的教育，而应贯穿于职业人员的整个职业生涯中，包括在职培训、技能提升等各个阶段。

上述四种依据并非彼此排斥，也不具有绝对性，而是相互借鉴和补充的关系。在具体应用时，需要根据实际情况来选择合适的依据。在本书中，主要采用边界依据来定义现代职业教育体系的主体、延伸体和边界，从而形成一个更加全面和立体的现代职业教育体系。

总之，现代职业教育体系的边界依据需要结合社会部门分工、教育部门分工以及职业教育学习者生涯的发展等多方面因素，进行综合分析和定义。

三、现代职业教育体系本体的组织层

现代职业教育体系本体的组织层涉及系统的物理结构或物理层面，这主要包括体系的规模、结构、模式、层次、类型、比例、内部子系统与要素的详细分析。

（一）规模

规模关系到职业教育体系中机构的大小及其涵盖的人员、财务和物资的总量。这一规模通常受到特定时期国家或地区人口发展和社会经济结构的影响，反映了该地区职业教育体系的成熟程度。职业教育的规模可以通过职业教育在所有教育类型中的注册学生比例和职业教育的毛入学率来衡量。在国内，通常用职业学校的数量、教学和行政用房面积、校舍建筑面积、教学科研设备价值、专业数量、招生、在校生和毕业生数量以及教职工总数等指标来评估职业教育的规模。

（二）结构

结构描述的是构成职业教育体系的各种类型和层次的职业教育的比例，包括地域结构、专业结构、课程结构、师资结构和资金投入结构等。根据《规划纲要》的目标，这包括面向全体社会成员、协调中等职业教育的发展、专业设置与社会经济需求的匹配、多元化资金投入、平衡学校教育与职业培训、重视全日制与非全日制教育、强化双师型教师队伍、完善技能人才进入职业学校的制度、推动面向农村的职业教育发展，以及促进职业学校专业与职业标准的一致性。

（三）模式

模式指的是系统结构要素在时间和空间中的组织方式，体现了系统的整体或宏观的时空结构。世界上著名的职业教育模式包括德国的双元制、加拿大和美国的 CBE 模式、澳大利亚的 TAFE 模式以及英国的 BTEC 培养模式。《规划纲要》特别强调实施工学结合、校企合作、顶岗实习等培养模式，以促进学生的实际操作能力和职业技能的提升。

（四）层次

职业教育层次指教育的等级。我国的职业教育和职业培训均有初、中、高三个层次。学校职业教育的层次应与普通教育体系平齐，需要构建包括专科、职业技术本科、职业技术硕士等职业教育体系。当前，现代职业教育体系的层次问题主要在于解决各个层次之间的衔接，而不是简单地提升职业教育层次。

（五）类型

现代职业教育体系的类型可以根据学习者生涯发展、教育形式、学制、地域等多个维度进行划分，包括职业准备教育和职业继续教育、学校职业教育和职业培训、全日制和非全日制、农村职业教育和城市职业教育等多种类型。应鼓励多种类型的职业教育共同发展，探索多种办学形式。

（六）比例

比例指的是层次、类型、要素等指标之间的比例关系，例如通过计算学生和教师的比例获得生师比，通过测算中等职业教育和职业教育之间的比例判定中高职协调发展的程度等。

（七）内部子系统与要素

现代职业教育体系是一个多要素、多层次的复杂系统，包括教师教育体系、人才培养体系、教育行政与管理体系、教育投资体系、评估评价与督导体系、招生与就业体系、科研和决策支持体系等子系统。要素包括职业教育的学习者和教育者，以及教育经费和其他物质资源。应特别强调"双师型"教师建设和实训基地建设，提升职业教育基础能力。

综上，现代职业教育体系的本体组织层涵盖了规模、结构、模式、层次、类型、比例、内部子系统与要素等多个方面，需根据实际情况不断调整和完善。

四、现代职业教育体系本体的表现层

表现层区别于组织层的实体性、内敛性和稳定性，它展示出非实体性、外向性和创造性，成为系统创新力和内在发展动力的根源。根据系统论，系统的结构和性质是一类概念，而系统的功能和目的则是另一类概念，这些通过系统的行为来表现。简而言之，"目的定义了行为的方向和指南，指向预期的功能；功能是行为和目的的潜在结果；行为则是实现目的和结果的过程"。最终，行为的成果会以一定的标准或总体表现呈现给公众。因此，这一层面主要涉及现代职业教育体系的目的、功能、行为及其结果的标准或总体表现。

（一）目的

现代职业教育体系的目的源于其存在的基本理由和动态特性，这由系统及其环境共同决定。在狭义上，教育目的是指某类教育在人才培养上的总体要求；在广义上，教育目的是指各层次教育活动能达到的预期结果的集合。对于现代职业教育体系而言，存在着通用的教育目的和各级各类职业教育的特定的具体目的，前者关注于通用定位，后者强调独有特色。根据《中华人民共和国教育法》和《中华人民共和国职业教育法》，现代职业教育体系的目的是"培养具有扎实的科学文化基础和强大的综合职业能力的，德智体美全面发展的，能在生产、技术、服务、管理等一线岗位上工作的各级各类专门人才"。随着社会经济的演变，特别是社会经济结构的重大变动，职业教育的目的也需要相应的调整，强调以人为本，培养能够支持经济社会发展的高素质劳动者和技能型人才。

（二）功能

功能是用来描述系统行为对环境产生的某种影响的关键概念。系统的每一种行为都对其环境中的事物产生作用，特别是那些有助于功能对象生存和发展的行为，这些被称为系统的功能。功能体现为系统行为的外部表现，涵盖效能、效果、益处和价值等方面。教育功能特指教育活动对社会及个体发展产生的积极影响和作用，主要分为个体功能和社会功能两大类。现代职业教育体系的功能旨在推动经济增长，促进就业，改善民生，解决农业、农村、农民问题，缓解劳动力供需结构矛盾，实现终身教育的理念，并满足公众对职业教育的需求。

（三）行为

系统行为分为确定性行为和随机性行为两种。在教育系统中，研究者通常关注的行为包括人才培养、科研、社会服务和文化传承这四个方面，尽管对这些行为的重视程度存在差异。职业教育同样涵盖这些行为，但在不同的职业教育类型和层次之间，其分工和重点有所不同。现代职业教育体系的行为可以划分为第一行为系统和第二行为系统：前者主要关注实现人才培养的直接教育活动，如教学等；后者则支持并服务于第一行为系统，涉及科研、社会服务和文化传承等方面。

（四）水准

水准指系统行为结果所达到的质量和程度，这与系统的目的有所区别。水准的实现受到内部条件和外部环境的影响。在内部条件方面，教师和学生作为教育系统中核心的参与者，其需求和发展自由是现代职业教育体系必须优先考虑的。在外部条件方面，国内社会经济结构对职业教育体系的构建起到决定性作用；在国际层面，中国的职业教育还应展示其对全球的贡献和承担的责任。综上所述，现代职业教育体系的水准应以人为本，贯彻终身教育的理念，适应社会经济结构的变动，突出中国特色，并努力达到国际先进水平。

五、现代职业教育体系本体的规则层

规则层指的是系统的运行规律和约束规范，包括规范法则和社会法则，涵盖意识形态和风俗习惯等必要组成部分。

（一）政策和制度

政策是政治集团为实现特定时期内的利益和意志而制定的行动准则，分为法律形式的政策和非法律形式的行政命令。职业教育政策包括由全国人大、中共中央、国务院、相关部委以及地方政府颁发的各种职业教育法规文件和实施细则。这些政策制定主要基于三个视角：经济视角、社会公平视角和社会转型或变革视角。这三个视角是我国现代职业教育体系主体建设的重要参考。

制度是要求大家共同遵守的办事规程或行动准则。现代职业教育制度是在市场经济条件下约束职业教育利益相关者行为的一系列规则的总和，分为三个层次。一是本体制度。国家宪法中确立的具有普遍性的基本规则。二是具体制度。约束职业教育特定行为模式和关系的行为规则，包括教育体制、学制、教育管理制度、教育评价制度等。三是伦理道德规范。职业教育活动的伦理道德规范。

政策和制度之间既有联系又有区别。两者在外在形式、功能、适用性和作用上具有联系，但在产生途径、稳定性、实施机制和调控范围上存在差异。

（二）建设理念和指导思想

建设理念指的是建设现代职业教育体系本体的理想、永恒和精神性的普遍范式。当前的建设理念应该是以人为本和终身教育理念；指导思想则是在建设过程中起指导作用的思想，如马克思列宁主义、毛泽东思想、邓小平理论、"三个代表"重要思想、科学发展观和习近平新时代中国特色社会主义思想。

(三) 理论体系

理论体系是基于某一领域或现象在联系实际中推演出来的概念或原理，综合和抽象出该现象的性质、特征和范式，形成知识体系。对于现代职业教育体系本体来说，其理论体系包括两个宏观层次。一是建设理论和理论体系，即顶层设计的理论体系。二是功能理论体系，即现代职业教育和教学理论等。

(四) 社会传统和文化观念

社会传统和文化观念是现代职业教育体系本体的隐性规则，虽然看不见摸不着，但却影响着体系的建设。通过现代职业教育体系的建设，可以积极引入工业文化，达到移风易俗、尊重职业教育和遵守职业伦理的目的。

第三节 现代职业教育体系的目标方针

一、组织层的目标方针

现代职业教育体系的组织层建设是当前职业教育改革中的关键环节，涉及规模、结构、层次、类型、比例及各子系统和要素等多个方面。

(一) 规模适度，结构完善

在全球经济发展的背景下，现代职业教育体系应紧密依托实体产业经济，推动职业教育的全面发展。需要建立一个面向所有人的全纳性职业教育体系，构建覆盖从业人员整个职业生涯的终身学习体系，消除城乡二元对立的职业教育体系，并进一步完善和提升现代农村职业教育体系。

(二) 层次升级，衔接顺畅

随着国内经济的不断发展，生产制造技术从低端向高端转移，职业教育层次也需从低段向高段发展。这包括举办本科或更高层次的职业教育，尤其是职业类师范院校的升级。这不仅为职业院校储备了师资力量，也释放了职业教育即将全面升级的信号。此外，现代职业教育体系应避免传统的学籍管理制度的局限，采用完全学分制，释放职业教育服务于社会经济发展和学习者需求的潜能。

（三）类型全面，沟通无障

在市场和行政的共同调节下，现代职业教育体系已经形成多种类型的职业教育，包括职业学校教育、社会培训、企业培训等。但现有体系未能完全满足社会和经济发展的需求，如缺乏非物质文化遗产保护等专业。未来，职业教育体系应提供多样化的教育专业和培训课程，确保各类型职业教育和职业培训之间的顺畅沟通。

（四）比例协调，全面统筹

面对当前教育供给与人力资源市场需求的结构性矛盾，需要调节各层次、各类型职业教育的比例。这要求通过行政引导下的市场调节，确保学习者在各级各类职业教育或培训中顺利转换学习权利，并通过市场机制优胜劣汰，实现职业教育比例的动态调节。

（五）子系统运转灵活，各要素投入和谐

尽管现有职业教育体系看似完善，但一些必要的组织机构仍未建立或功能发挥不全面。需要建立完善的督导机构、职业教育标准化机构，并优化教育部、人力资源和社会保障部等部门的顶层合作机制。此外，教师教育体系、职业资格、聘用制度等方面仍需加强，以确保师资分工细致、专业发展顺畅。要全面调节社会和学校的教育资源，建设功能齐全的实习实训基地，并与行业、企业共建教育企业和教育工厂。

二、现代职业教育体系表现层的目标方针

（一）目的明确，功能全面

当前，我国职业教育的目的和功能主要集中在经济性和实利性层面，如"主动适应经济建设和社会发展的客观需求，坚持'以服务为宗旨，以就业为导向'"和"培养生产、建设、管理、服务第一线的技能型专门人才"。然而，这种导向忽视了职业

教育的人文性和人本性。因此，现代职业教育体系必须以人为本，设定新的教育目标，关注教师和学生的全面发展，保障人格的完整性，以及职业知识、能力、道德和情感的全面发展。职业教育应发挥升学、就业、转岗换业、学历提升、技能提升等多种功能，为各类学习者提供优质的教育服务。

（二）策略新颖，措施独特

现代职业教育体系的建设需要新观念、新思路和新做法，在终身学习理念和以人为本的指导下进行。宏观层面要建立新的体制和机制，出台新的政策和法规；微观层面要建立新的职业教育课程体系和教学模式，培养适应新经济发展需求、具备创新精神和新风尚的产业工人。

职业教育体制改革需要特别强调"非常时期、非常之力、非常之功和非常手段"。基层应充分利用政策支持，突破现有体制的限制，为政府出台新政策提供决策咨询；上层应研究现有政策和体制下的创新空间，并积极制定新的政策、制度、法律和法规，做好顶层设计。同时，必须防止盲目冒进，鼓励在科学发展观引领下的大胆改革。

（三）目标高远，突出特色

现代职业教育体系的建设目标总体上是实现"中国特色、世界水准、国际一流"。其中，"中国特色"是近期目标，"世界水准、国际一流"是远期目标，标志着职业教育从规模和外延向质量和内涵的发展和转型。

"中国特色"包括两层含义：一是在国内教育体系中彰显职业教育特色；二是与国际职业教育模式（如美国的 AOI、德国的双元制、澳大利亚的 TAFE 模式）相比，形成具有自己发展特征的职业教育体系。同时，"中国特色"的建立需要与国际通行规则接轨，如国际护士资格证、国际会计师资格证等，否则难以实现职业教育"走出去"的战略。

"世界水准、国际一流"包括三层含义。首先，这是中国产业转型和经济发展方式转变对职业教育的新要求。在制造领域，"中国制造"向"中国创造"转型；在资本和技术领域，"引进来"向"走出去"转变；在产业领域，从劳动力密集型和资本密集型向技术密集型和知识密集型转型。这一系列转变要求职业教育培养目标的升级。其次，这是中国职业教育走向国际的新趋势。随着职业教育规模的迅速扩大，职业教育的"产能过剩"开始显现。尽管职业教育在量变方面取得了重大进展，但质量的提升仍需进一步努力。职业教育体系需要通过渐进式的市场机制自然淘汰，并向突进式的行政调节转变。最后，职业教育的"走出去"战略旨在应对教育能力过剩、彰显国家实力，并为经济"走出去"战略服务，培养资本输入国的本地人才素质。为了实现这一目标，职业教育需要较高的办学水平和品牌效应，类似于德国的双元制和澳大利亚的TAFE，成为国家的名片。

三、现代职业教育体系规则层的目标方针

（一）建设理念崭新，指导思想科学

现代职业教育体系的建设应在终身学习和以人为本的理念下进行。宏观层面需要建立新的体制和机制，出台新的政策和法规；微观层面要建立新的课程体系和教学模式，培养适应新经济发展需求、具备创新精神和新风尚的应用型人才和产业工人。

（二）经验借鉴重在吸收，理论建设重在创新

在职业教育体系的研究中，应注重理论创新，推动从移植外国职业教育理论向创生本土化职业教育理论的发展。要积极培养和打造新生代本土化的职业教育理论家、教育家、职业教育科研队伍和科研体制。

（三）法律、制度和标准建设，注重建立、健全和体系化

职业教育法律、制度和标准建设主要有两大任务：一是新建和完善相关法制和标准；二是理顺这些法制和标准之间的关系，消除相互之间的冲突，使之体系化，为现代职业教育体系提供保障。

具体来说，需要建立健全的法制体系，确保法制建设、执行和监督机制全面。专业建设要与产业发展全面适应并具有引领作用。相关标准建设应全面且成体系，包括质量标准、课程标准、教师能力标准、学校设置标准、实训基地建设标准、教育企业认定标准等。此外，还应完善国家职业资格体系、职业教育教师资格和专业能力标准、教师聘用制度、教师专业化发展制度等。最后，健全职业教育法、校企合作法、顶岗实习办法、实习保险制度以及职业教育资源共享和调节的法制。

四、现代职业教育体系建设的目标框架

现代职业教育体系建设的目标框架构成了其目标体系的核心结构。依据现代职业教育体系建设目标体系的分析模型，此目标框架可以分为五个层次：总体建设目标、外部机制体制建设目标、内部机制体制建设目标、本体建设目标和延伸体建设目标。为了保持简洁和清晰，这里没有单独讨论延伸体，而是将其内容融入了外部机制体制的讨论中。

（一）体系总体建设目标

现代职业教育体系的总体建设目标旨在提升系统对时间和空间的适应性，关键在于解决环境、体系、主体之间的互动和耦合。鉴于社会经济结构和职业需求的多样性，以及各产业对劳动力需求的多样化，现代职业教育体系的总体目标包括：在国家统一的标准和法律框架下构建一个多元化的职业教育体系，推动学校职业教育、社会职业培训和企事业单位的职业培训同步发展，实现教育资源的互通和融合；确保职业启蒙教育、职业准备教育和职业继续教育之间的连贯性，同时满足学生的分流、就业及职业转换需求；促进职业教育与普通教育之间的有效融合和双向流动。主要目的是通过多样化的教育模式解决职业教育空间上的二元分割和生产力分布的不均问题，并通过连续的教育体系和职业与学历教育的互认机制，满足个体在职业生涯中的持续发展和多样化需求。

（二）外部机制体制建设目标

现代职业教育体系的外部机制体制建设目标关注于处理"环境-体系"和"环境-主体"之间的关系。对于"环境-体系"关系，关键任务是建立有效的沟通渠道，包括招生、就业、社会经济结构信息、教育资源和兼职教师的招聘与退出机制。这需要职业教育体系具有开放性，能够积极与产业经济组织互动，形成共生的利益关系，消除学习与工作领域之间的障碍，实现与产业企业的无缝对接。同时，应吸收国际先进的职业教育体系建设经验，创新本土职业教育理论和模式，以适应国家的经济、政治和文化战略，并扩展国际职业教育市场。

对于"环境-主体"关系，主要目标是建设一个以人为本、支持终身学习的广泛

职业教育体系，满足师生的专业化及个人发展需求。这涉及解决环境与主体之间的潜在矛盾，确保教育参与者能在社会环境中自由发展并实现其社会抱负。

（三）内部机制体制建设目标

内部机制体制的建设关注现代职业教育体系内部各层次间及其内部的匹配关系，旨在解决体系与主体之间的互动。在这一发展阶段，现代职业教育体系需完善组织结构和法律制度，确保职业教育的各项功能得以充分发挥，这包括行政管理、中高职衔接、校企合作、实习实训基地的建设、招生就业、投资捐赠、评估和督导等活动。这不仅需要组织的有效构建，还需要健全的法律制度支持，以明确组织内外的责权利关系，从而达到职业教育改革的目标和功能。

（四）本体建设目标

本体建设目标关注于现代职业教育体系内部的各层次组成结构，其目标是解决组织层、表现层、规则层之间的协调和整合。

1. 组织层建设目标

组织层的建设涉及职业教育体系的基本要素、层次、类型、比例、结构、规模、布局和管理体制等方面。关键在于平衡人力和物资的投入，实现资源的和谐性和均衡性，尤其是减少由行政和地域差异造成的不平等。投入的资源应注重公益性，以减轻学校和学生的经济负担，同时支持学生能够通过职业活动回馈社会。师生发展应遵循人本原则，通过教育改革充分促进他们的自由和全面发展。教育对象应具有包容性，积极接纳各类适龄学生。师资队伍应专业化，确保教师在完善的专业发展制度下接受系统的培训，以高质量完成教育任务。此外，职业教育的专业和课程建设应与产业和经济发展紧密相关，避免结构性矛盾，并解决不同层次之间的衔接问题，确保教育资源在学校、社会和企业间的有效流动。

2. 表现层建设目标

表现层的目标涉及职业教育体系的目的、特色、质量水平、品牌战略和教育功能等方面。在多元化的现代社会，职业教育必须采纳终身学习的理念，以适应个体在学习和职业生涯之间的多次转换需求。尽管职业教育已有明确特色并进入精细化调整阶段，但它仍需保持独特性，提高结构和质量，以国际一流水平为目标，确立与全球标准相符的品牌。在教育功能方面，需要整合教学、研究和社会服务等多功能，满足学习者和教师的多样化发展需求。

3. 规则层建设目标

规则层的建设目标包括职业教育的理念、指导思想、理论体系、教育规律、法规制度以及评价标准的构建和完善。在快速变化的社会经济背景下，职业教育的建设理念应具有前瞻性和引领性，其指导思想和理论必须基于科学验证。此外，需要强化科研支持，快速发展创新理论，总结改革实践中的教育规律，研究和完善职业教育的法律体系，确保教育管理制度的灵活性，如实行弹性学制和完全学分制，确保学习者能灵活地在学习和工作间转换。同时，建立和完善职业教育的评价标准，保证教育质量的规范性和一致性。

第三章　职业教育实践教学空间创新研究

第一节　职业教育实践教学空间的内涵

2021年4月，全国职业教育大会提出了构建现代职业教育体系及培养技术技能人才、能工巧匠和大国工匠的新要求；2022年5月1日正式施行的《中华人民共和国职业教育法》（2022年修订版）明确了职业教育与普通教育具有同等重要的地位。此外，基础教育和普通高等教育逐渐融入职业教育相关的教学内容，使人们对职业教育中的产教融合、校企合作等实践教学内容，以及职业教育不同层次间的有效贯通和终身学习体系的构建更加关注。实践教学空间的构建成为深化职业教育实践教学改革的重要切入点，是提升实践教学质量的关键。因此，本书将实践教学空间的研究重点定位于职业教育实践教学这一特定领域。

一、实践教学空间源起

（一）职业教育实践教学空间的发展溯源

1. 传统教学空间向现代教学空间的演化

教学空间的演变经历了从自然环境到固定物理空间的发展历程。在原始社会，人类的教学活动在自然界的劳作现场进行，族群长辈通过示范和口头教授，传授捕捞、劳作、祭祀和部族管理等生产与生活经验。随着生产力的发展，固定教学场所逐渐出现，例如《礼记·学记》中提到的"家有塾，党有庠，术有序，国有学"，表明不同层面的教学活动有了专门的场所。

苏美尔人在幼发拉底河岸的玛里城建立了学校，埃及也出现了宫廷学校、僧侣学校和神庙学校，古印度有婆罗门学校，古希腊的苏格拉底、柏拉图和亚里士多德等人创办了私人学校。这些早期教育思想家已经开始意识到空间对教学的影响，例如苏格拉底的对话中包含了时空思想的萌芽，柏拉图在《理想国》中提出的"洞穴之喻"也反映了空间对人的判断的影响。

中国夏商周时期也出现了专门用于教学的场所，教学活动逐渐成为一种独立的社会活动。《礼记》中记载："大学在郊，天子曰辟雍，诸侯曰頖宫。"天子和诸侯都拥有人才培养的专门场所，师生之间的社会关系逐渐取代了早期教学活动中的族群血缘关系。

17世纪的笛卡尔创立了笛卡尔空间，空间权重矩阵的概念和空间路线规划方法在笛卡尔空间中得以实现。随后，康德的经验空间、黑格尔的精神空间、马克思的社会时空等思想进一步丰富了空间的概念。马克思特别强调时空与社会现实生活的关系，提出了通过人类社会实践活动将时空纳入社会现实生活中的观点。法国思想家列斐伏尔在马克思的基础上进一步探索了社会空间的内涵，强调空间的社会实践基础。

20世纪，中国开始出现关于教学空间的研究成果。1998年，佐藤学和钟启泉研究了教室生活的特征，认为教室不仅是教学活动的场所，也是一个充满冲突和妥协的地方。[1] 2009年，陆有铨和马和民提出人类生活空间有三种形态：第一自然（纯粹的自然界）、第二自然（人类生活的现实社会）和第三自然（网络空间的"虚拟社会"）。[2] 2011年，齐军提出教学空间是动态发展的，可以随着教学活动的推进进行调整和转换。[3]

近年来，随着学习科学的兴起、构建主义学习理论的盛行和信息科技的发展，学习空间研究成为教育领域的热点。2015年，许亚锋等人提出"未来课堂"和"主动学习教室"等非传统空间范式，强调学习的泛在性和交互性。[4] 2019年，张涛和李如密认为教学空间是教学活动的综合体，影响学生的深度学习[5]。2020年，李晓文和叶伟

---

[1] 佐藤学，钟启泉. 教室的困惑[J]. 华东师范大学学报（教育科学版），1998（2）：16-26.
[2] 陆有铨，马和民. 略论"第三空间"教育[J]. 外国中小学教育，2009（11）：1-3.
[3] 齐军. 教学空间的内涵及与邻近概念的关系摭论[J]. 上海教育科研，2011，（4）：12-14.
[4] 许亚锋，陈卫东，李锦昌. 论空间范式的变迁：从教学空间到学习空间[J]. 电化教育研究，2015，36（11）：20-25，32.
[5] 张涛，李如密. 重新发现教学中的空间：论教学空间的性质及价值意蕴[J]. 山西大学学报（哲学社会科学版），2019，42（4）：87-94.

剑提出了"全空间"变革，强调信息技术的赋能和以学生为中心的理念，推动大学课堂生态的构建。[①] 2021年，叶伟剑和郭丽晓研究了新型教学空间对学生学习的影响，发现学生对新型教学空间持正向态度，但应用效果存在群体差异性。[②]

总体来看，教学空间的演变和发展与社会生产力和科技进步密切相关。从自然环境到固定教学场所，再到现代多元化、动态发展的教学空间，教学空间不仅是物理场所，而且是社会实践的产物，体现了特定的生产关系和教育理念的变迁。

2. 职业教育实践教学空间构建的衍生

实践教学是职业教育的关键环节，直接影响人才培养质量和职业教育对社会经济发展的贡献。中国现代职业教育实践教学始于清末实业教育的引入和实业学堂的萌芽时期。当时，实业教育涵盖农业、工业、商业、矿业等经济领域，旨在培养相关专业人才。实业教育源自英语中的"Industrial Education"，经历了从概念引入到本土化发展的过程。

19世纪中期，西方传教士，如德国的花之安、美国的狄考文和英国的李提摩太，通过著作介绍了西方国家的教育制度，清政府也派遣人员出国考察实业教育。这一时期的研究和引进，为中国现代职业教育的起步奠定了基础。1922年，中华民国北洋政府颁布《壬戌学制》，标志着职业教育取代实业教育成为主流。1933年，黄炎培提出职业教育的定义，强调就业导向、技能培养和社会服务。[③]

2022年，中国修订的《中华人民共和国职业教育法》正式施行，强调校企合作和产教融合作为职业教育发展的关键策略。

然而，关于职业教育实践教学空间的研究仍然较少。据中国知网的数据显示，关于"教学空间"的文献较多，但专门研究"高职实践教学空间"的文献几乎没有。职业教育实践教学空间中的活动是社会实践活动的一部分，但现有研究未能充分覆盖这一领域。提高实践教学空间的研究和建设，有助于深化职业教育改革，提升实践教学质量，进一步推动职业教育的发展。

[①] 陈飞. 高校教学空间教育力探析：以大学大型通用教室为例［J］. 教育发展研究，2019，39（17）：79-84.
[②] 叶伟剑，郭丽晓. 新型教学空间对学生学习影响的实证研究［J］. 高教发展与评估，2021，37（3）：99-108，114.
[③] 中华职业教育社. 黄炎培教育文集：第二卷［M］. 北京：中国文史出版社，1994：496.

(二) 职业教育实践教学空间的理论基础

1. 布尔迪厄文化再生产理论

布尔迪厄是 20 世纪伟大的思想家之一，其教育社会学理论以文化再生产理论为核心。文化再生产理论的逻辑起点是他的行动理论，而其基础则是场域理论。作为布尔迪厄庞大思想体系中最著名的部分，文化再生产理论也是他社会学思想的核心和灵魂。

首先，从逻辑起点来看，布尔迪厄的文化再生产理论借鉴了马克思的政治经济学原理。马克思使用资本概念进行阶级分析，构建了以经济决定论为基础的政治经济学理论，这一概念在马克思的思想体系中占据核心地位。布尔迪厄同样将资本概念作为其理论研究的支柱性概念，但他对资本的理解和侧重点与马克思不同。马克思主要从经济角度解释资本，而布尔迪厄重新界定了资本的内涵，使之成为一个涉及经济、文化、阶级和社会等多维度的概念。布尔迪厄认为："资本是积累的劳动，可以以物质化的形式或'具体化的''肉身化的'形式存在。"[①] 当教师或学生拥有这种劳动时，他们便能够占有基于这些劳动的社会资源。

其次，布尔迪厄的文化再生产理论中，"文化资本"一词是核心概念。布尔迪厄将资本分为经济资本、文化资本和社会资本。他的教育社会学理论基于文化再生产的理念，其中文化资本是一个贯穿始终的主题。通过对文化资本的分析，布尔迪厄探讨了社会和教育的公平问题，并揭示了教育的不公平现象。他提出文化资本有三种亚形态：身体化、客观化和体制化。身体化的文化资本虽不可见，却能通过个体的行为表现出来，如教育和家庭环境对个体的潜移默化影响。[②] 客观化文化资本则以物质形式存在，例如书籍、文物等，这些是文化传承的关键。体制化文化资本则主要通过学术资格来实现，如资格证书或学位证书等，这为文化资本赋予了一种正式的、长期的保障。此外，社会资本在教育领域中也扮演着关键角色，体现为社会关系网、社会地位及声誉等。

最后，布尔迪厄在 1979 年的作品《反思社会学》中提出了"行动作为＝惯习+资本+场域"的公式。这一理论不仅是他文化再生产理论的工具，也是其理论的起点[③]。

---

① 布尔迪厄. 文化资本与社会炼金术：布尔迪厄访谈录 [M]. 包亚明，译. 上海：上海人民出版社，1997，189.
② 布迪厄，华康德. 实践与反思：反思社会学引导 [M]. 李猛，李康，译. 北京：中央编译出版社，1998，141.
③ 黄俊. 布尔迪厄文化再生产理论研究：一种教育社会学的视角 [D]. 重庆：西南大学，2016：9.

场域理论是其中最重要的部分，旨在超越简单的二元对立。场域是一个充满生命力的多维空间，每个子场域都有其独特的逻辑和规则。布尔迪厄认为，场域是各种社会力量和利益的交汇点，具有动态的边界和博弈性质。在场域中，主体之间的互动常常涉及权力的斗争和共识的形成。资本的流动和交换是场域动力的核心。此外，场域的运作依赖于规则，违规者会受到惩罚。至于惯习，布尔迪厄描述它为一种深入骨髓、可转化的性格系统。这些系统自动地、下意译地生成并组织行为和表征。惯习的特点包括稳定性、迁移性、趋同性和开放性，形成了行动者对环境的无意识适应。

2. 职业教育实践教学空间构建的方法架构

职业教育实践教学空间的治理是一个综合性的生成过程，应从时间、空间和社会三个维度进行全面分析，而非仅仅依靠时间与空间的二元辩证法。该领域的治理理论主要吸纳了布尔迪厄的场域理论与列斐伏尔的空间生产理论。基于这两个理论框架，进一步探讨了适用于职业教育实践教学空间治理的具体方法论，采用布尔迪厄的生成结构主义和列斐伏尔的社会空间辩证法来支撑本书的方法论构建。

布尔迪厄的研究方法因其关注点和研究对象的多样性，随着研究问题的变化而适时调整，使其方法论比传统结构主义更为丰富和灵活。布尔迪厄旨在揭示社会各界所隐藏的深层结构，并探讨这些结构如何得以持续再生产或发生转变。他强调，社会学的探索不应仅限于表层的制度和政策，更应深入这些制度背后的社会深层结构。布尔迪厄的生成结构主义超越了传统的二元对立，如主观主义与客观主义、机械论与目的论等，认为这种对立掩盖了真实的人类实践。他主张社会科学应在行动与结构的互动中寻找历史的动力，而非在极端理论之间选择。

布尔迪厄的理论中包含"场域"和"惯习"两个核心概念。他用"场域"这一更具体的概念替代了过于抽象的"社会"概念，认为每个场域都是独特的微观社会空间，拥有自己的价值观和调控原则，并且是不断斗争和自我调整的场所。"惯习"则被描述为一种持久的、可转换的行为倾向系统，是无意识和历史的产物。惯习在特定的历史和场域条件下形成，受到文化符号、制度等外部因素的无意识影响。布尔迪厄强调，虽然惯习是无意识的产物，但通过教育和社会化过程，尤其是青年期的学习和社会经验，个人的惯习可以得到显著塑造和改变。

二、职业教育实践教学空间的内涵诠释

（一）学校是职业教育实践教学空间构成的基础

中国的学校教育源远流长，从四千年前的夏朝开始，便设立了如"序""校""庠"等官方教育机构。春秋时期，以孔子在曲阜开设私塾为标志，私立教育开始兴起。随着社会需求的变化，近代教育逐渐发展，学校教育始终适应经济和社会结构的变革，其核心目标是传承文化与培养人才，这一过程展示了鲜明的中国特色。职业教育关注学生的家国情怀、综合素养、职业技能及职业精神的发展，对国家和地方经济的发展以及高素质技术人才的培养扮演着关键角色。学校作为职业教育的核心阵地，是专业特色建设与实践能力培养的基地。学生在校通过实践教学活动习得技能和提升能力。职业教育的实践教学空间包括硬件设备、软件设施和软文化三个部分。首先，硬件设备方面，职业院校需要提供适合实践教学的设施，如宽敞明亮的教学场地、齐全的仪器设备和功能完备的实训设施，以确保学生能够有效提升实操技能。其次，软件设施包括教学大纲、教师质量、学校条件和引进的教学理念等，这些虽难以量化，但对职业教育的实施至关重要。最后，软文化指的是学校特有的精神环境和文化氛围，包括校风校纪、实训管理制度、人际关系和校园氛围等，这些因素虽看似与实践教学关系不大，实际上对学生的思维、精神和道德品质有着深远的影响，是职业教育成功的关键因素。

（二）职业教育实践教学空间的基本内涵

《辞海》将"空间"定义为"物质存在的广延性"。从现有理论中对空间内涵的界定来看，它通常被分为物理空间、虚拟空间和关系空间三种类型。布尔迪厄在《实践理论大纲》中对卡比尔人住宅的描述，不仅展示了他们的生活空间，也体现了其作为家庭教育空间的功能。同样，职业教育的实践教学空间也包括物理空间、虚拟空间和关系空间。

首先，物理空间主要指由实物组成的环境。布尔迪厄描述卡比尔人的住宅是一个由简单工具和原材料构成的居所，内部通过墙体将人类和牲口的居住区隔开。这样的实体空间是职业教育实践教学的物质基础，特别是在技术未普及的初期阶段。物理空

间包括用于实践教学的场所、设备和基础设施等，是开展实践教学不可或缺的组成部分。

其次，虚拟空间，或称数字空间、网络空间，是信息技术支持下的空间概念。现代技术如全域感知、信息采集和传输技术使物理空间的元素能映射到信息空间中，从而形成了一个能够模拟、仿真、重构和优化物理空间的数字化空间。虚拟空间的特点是能与物理空间进行双向实时交互，打破自然空间的限制，实现对现实的模拟和对变化的预测。

最后，关系空间指的是个体间以及个体与物体间通过相互作用和交流形成的动态关系。教学空间的研究常常过度关注物理环境的大小、布局及设施配置，而忽视了教学活动本身与这些空间因素之间的关系。真正的教学空间应该是以教学活动为核心，由教学参与者之间的互动构成的。

在职业教育实践教学空间中，经济资本和文化资本是驱动物理空间、虚拟空间和关系空间变化的内部力量。经济资本促进空间的扩张和变革，而文化资本则提升空间的品质和层次。同时，这三种空间的相互作用形成了一个复杂的场域网络，不断促进和提升彼此的价值和功能。

（三）职业教育实践教学空间的本质表征

1. 空间主体的博弈性

布尔迪厄将场域视为具有竞争性特质的空间，其中"game"一词不仅指游戏，还有竞争的含义。他通过这一概念生动地描述了空间场域内部的运作。在这样的场域中，主体参与进来是为了获得更多的资本和利益，这一过程充满了竞争和斗争。布尔迪厄认为，场域是一种复杂的矛盾统一体，主体之间既存在对抗也有合作，既有分歧也有让步。场域的运作遵循一定规则，参与者需在保证竞争激烈的同时维持场域的稳定。在职业教育实践教学空间中，教师与学生、学生之间以及教师之间的关系也体现了合作与竞争、分歧与让步的复杂性，共同推动教学的进步。

2. 空间与资本的依赖性

资本是场域运作和主体间竞争的内部动力，既是追求的目标也是实现目标的手段。在场域中，资本的多少决定了主体在空间中的位置。一旦主体占据一定位置，该位置会带来相应的资本和利益回报。场域由资本形成，同时也依赖资本维持活力。布尔迪厄强调，社会位置对人们的选择和意愿具有决定性作用。在职业教育实践教学空间中，学生通过实践活动积累资本，随着资本的积累，其在空间中的位置将会改变，体现了"青出于蓝而胜于蓝"的现象。同时，教师在获取资本的过程中也不断进步，更新知识和技能。

3. 空间的动态性

场域空间的动态性源自主体围绕资本的追求和竞争活动，以及对变化的不断适应和对规则的遵守。因此，场域是一个不断变化的活跃空间。职业教育实践教学空间表现出的动态性主要体现在社会生产关系的变革、技术进步和设备更新、教师更替与人才流动、学生代际更迭以及空间关系的变化等方面。学生在追求技术和技能资本的过程中推动空间的活动和创新，使这一空间保持持续的流动性和生机。

(四) 职业教育实践教学空间的要素系统

职业教育实践教学空间是一个多层次、持续变化的复合场域，包括物理空间（如教室、实验设施和耗材）、虚拟空间（包括数字资源、信息技术和终端设备）以及关系空间（涉及参与主体与环境之间的互动）。这些子空间由多种不同的组成要素构成。通过整合这些子空间的要素，并以职业教育实践教学空间的管理和治理为基础，本书旨在探索如何利用有效的"方法"和"形式"，在"场域"中由"主体"针对特定的"内容"实施策略，以实现既定的"结果"。本书将职业教育实践教学空间的教学要素细分为几大类：人力资源要素（包括教师和学生）、场域空间要素（物理空间、虚拟空间和关系空间）、手段方法要素（如因材施教、理论与实践相结合）、文化资本要素（包括身体化资本、客观化资本和体制化资本）以及实践形式要素（如实践技能教学、军事训练和社会实践）。此外，本书还关注技术技能的双向培养目标，旨在培养德技并重的人才。

第一，人力资源要素。职业教育实践教学空间涉及广泛的人力资源，包括直接参与教学的教师、学生、服务管理人员、企业，以及间接影响如家长、校友、媒体和社会公众等。教师是该空间的中坚力量，他们的师德、教学理念和专业技能直接影响教学质量。学生是核心成员，其实践技能的提升和核心竞争力的增长直接反映教学成效。企业通过校企合作，提供实习机会和技术指导，影响人才培养，其参与基于追求利润的商业逻辑。此外，学校行政人员、用人单位、评估机构等也对教学活动产生间接影响。整体上，这些多元参与者共同塑造职业教育实践教学空间，促进教学与实践的有效结合。

第二，场域空间要素。职业教育实践教学活动的顺利进行依赖于一系列基础条件，包括必要的硬件资源和软件资源。硬件资源主要包括实践教学活动所需的经济资本，如实践教学设备、场地、教材和实训基地等。这些资源通常是固定的，不会因个人的主观意愿而转移。软件资源涉及支持教学活动的文化资本，包括身体化文化资本、客观化文化资本和体制化文化资本。身体化文化资本包括教师的教学信念和技术技能；客观化文化资本涵盖教学目标、原则、制度、课程专业设定、教材、图书及数字资源；体制化文化资本包括职业技能证书和其他显示能力的结业证书。这些文化资本的性质和内容可能因教师和学生的不同而有所变化，且易受他们主观意愿的影响。

第三，手段方法要素。合理有效的教学方法是提升教学质量的关键。这些方法可按层次划分为三种主要类型。首先，"学思结合"的方法。这种方法基于《论语·述而》中的思想："学而不思则罔，思而不学则殆。"它强调在职业教育中采用唯物辩证法。这是一种科学的世界观和方法论，帮助学生在实践中分析和解决问题。通过应用马克思主义的辩证唯物主义与历史唯物主义，教育者可以明确教学活动的方向和目标，为课程和思想政治教育提供坚实的理论基础。其次，"知行合一"的方法。王阳明的"知行合一"论述了认识与实践的密切关系，强调行动中包含认识，认识又指导行动。杜威将教育视为生活本身，而陶行知的生活教育理论进一步提出"教学做合一"，强调教学与实践的一体性。这些理念在职业教育中特别强调通过实践来实现学习目标，确保知识和技能的无缝转换。最后，"因材施教"的方法。强调根据教学环境和学生的具体需求来调整教学方法和内容。这种方法侧重于采用多样化的科学技术，以适应不同学生的学习状况和优势，从而最大化每位学生的教学效果。这些策略共同确保职业教育实践教学的效率和效果，培养学生的实际操作能力和理论知识的综合应用。

第四，文化资本要素。职业教育实践教学空间的内容资本要素主要包括身体化资本、客观化资本和体制化资本。身体化文化资本涉及教师的教学信念和技术技能；客观化文化资本包括教学目标、原则、制度、专业课程、实践教材和数字资源等；体制化文化资本包括职业技能证书和其他显示能力的结业证书。通过信息预测、捕获和反馈的循环，这些文化资本要素有助于监测和调整职业教育实践教学空间的活动，确保教学和管理的持续改进。

第五，实践形式要素。实践形式要素涵盖了实践技能教学、军事训练和社会实践活动。职业教育机构应确保专业课程中有至少50%的实践教学，并采用创新的实践教学方法。此外，军事技能训练和社会实践活动应系统化地进行，以增强学生的实际操作能力和社会责任感。

第六，实践结果要素。实践结果要素关注培养符合国家战略需求的德技双馨人才，适应企业需求的技术技能型人才，以及能够持续成长和创新的个体。职业教育不仅要满足当前的人才市场需求，还要预见未来社会的多元需求，培养能够在各种社会经济环境下有效工作和创新的人才。

（五）职业教育实践教学空间的功能特质

职业教育实践教学空间的功能特质从社会学角度看，涉及学校、企业、和社会等组织，这些组织通过功能互补为学生技能提升提供重要基础。随着国家对职业教育的定位逐渐明确，作为高素质技术技能型人才的主要培养场所，职业教育实践教学空间的功能越来越突出，影响学生的认知、情感、行为意识及态度。

首先，职业教育实践教学空间促进了人的主体性发展和人格完善。这种促进由两个因素驱动：一是国家政府对职业教育的重视，二是教育对象本身的发展愿景。这个空间不仅是物理存在，影响教学和学习环境，也是复杂的关系网络，有助于学生在实践中自我发现和成长，形成健全的人格。

其次，职业教育实践教学空间推动了职业伦理的发展和职业社会的塑造，通过提供职业社会的预期模型，帮助学生形成清晰的职业认识。在职业群体中，职业伦理保证了职业社会的正常运转。

最后，职业教育在推动社会公平和经济可持续发展方面起到了关键作用，为底层民众提供了教育机会，同时支持了国家经济的发展，体现了其现代教育的功能和价值。

三、职业教育实践教学空间的关系

职业教育实践教学空间涉及学校、企业、社会及学生个体这四个主要构成要素，四者相互支持并促进，共同服务于技能型人才的培养。学校构成教学的基础，企业是关键，社会提供保障，个体则是核心。

企业在职业教育中扮演着至关重要的角色，这一点在《关于推动现代职业教育高质量发展的意见》《中华人民共和国职业教育法》等政策文件中得到了明确强调。这些政策倡导企业积极参与实习实训基地的建设和职业教育机构的运营。尽管目前企业在职业教育领域的参与度仍有待加强，但它们为学生提供的实践机会无疑成为学生从学校过渡到职场的重要桥梁。这种参与不仅帮助学生积累了实际工作经验，还有助于他们形成专业的职业素养和技能，从而更好地适应未来的工作环境。

社会在职业教育实践教学中的作用同样不可小觑。社会各界通过提供技能培训和资格证书培训等多种形式，有效地补充了职业院校和企业在实践教学方面的不足。此外，一个和谐稳定的社会环境是职业教育顺利进行的必要条件。在此环境中，社会机构通过专门的培训课程针对性地增强学生的职业技能，极大地促进了学生的专业成长和技能提升。

至于个体，即学生本身，在职业教育实践教学中处于核心位置。职业教育体系强调以学生为中心，推崇将理论教学与实际操作紧密结合的教学模式。通过这种模式，学生能够直接参与真实的生产和服务环境中，不仅能见识到实际工作中的问题，也能在解决这些问题的过程中提升自己的实操技能和解决问题的能力。学生的主动参与和实践是推动其个人成长的关键动力。通过实践活动，学生能够在实际操作中学习和成长，使职业教育的各项活动都围绕着促进学生的全面发展而设计和实施。

总之，学校、企业、社会和学生个体的协同作用塑造了职业教育实践教学的生态。这不仅有助于学生技能的增长和职业素养的提升，还促进了他们在职业道路上的长远发展。

第二节 职业教育实践教学空间的建构逻辑

通常，从抽象到具体的思维演进是逻辑思维过程中的一个关键方法。在社会科学研究中，特别是在探索职业教育实践教学空间构建的过程中，研究者通常会按照逻辑起点—逻辑框架—逻辑路径这一思维范式进行。这种方法不仅有助于理解职业教育实践教学空间的结构逻辑，还有助于提升职业教育实践教学空间的人才培养质量。这一过程主要遵循空间生产理论，认为实践教学空间是新时代培养复合型技能人才的关键场所，并深刻影响职业教育与产业融合变革的方向。

基于职业教育实践教学空间的本质特征，需要在三个层面构建其逻辑框架：逻辑起点、逻辑结构和逻辑路径。这种结构化的方法使教学空间的系统化构建更为明确，更能系统地推进职业教育实践教学空间的发展与优化。

一、产教融合校企合作是高职实践教学的逻辑原点

（一）创新是技术技能人才成长的内驱动力

创新是技术技能人才成长的核心动力。随着社会进步和经济发展，人才培养面临着新的需求。一个人必须具备人类基本属性、民族性和个性，才能形成成长为社会所需人才的基础。亚伯拉罕·马斯洛的需求层次理论总结了人类在适应社会发展过程中的需求变化，将人的需求从基础的生理需求、安全需求、爱与归属感、尊重需求，到自我实现的需求五个层次进行阶梯式划分。

研究员何星亮对人的属性进行了深入研究，他指出每个人都具备三种属性：基本人性、民族性或国民性以及个体独特性[①]。这些属性对个人的成长至关重要。在职业教育实践教学空间中，培养学生适应社会需求的职业技能尤为重要。职业教育的实践教学不仅重视技能的培养，也注重培养学生的基本人性、民族性和个体独特性。这种教育模式具有深远的理论和实践意义，是为社会培养全面发展的技术技能人才的关键环节。

（二）变革是技术技能人才进步的逻辑起点

社会的每一次进步都伴随着科学技术的革命性进展，而这些进展无一例外地源于人类的创新与应用。历史上，每一次工业革命的标志性事件都显著地体现了科技进步的巨大贡献。18世纪的第一次工业革命，蒸汽机的发明引发了深刻的社会结构变革；19世纪末至20世纪初的第二次工业革命，电力的广泛使用带动了社会生产力的飞跃；第三次工业革命则标志着信息技术时代的来临，计算机与互联网技术重塑了全球的信息流与工作方式；第四次工业革命，则在德国汉诺威工业博览会上被定义为"工业

---

① 何星亮. 试论人的三种属性 [J]. 中南民族大学学报（人文社会科学版），2015，35（4）：17-22.

4.0",预示着智能制造和数字化的全面整合即将改变全球产业景观。

在这一系列革命中,人始终是推动社会进步和生产力提升的核心驱动力。人的需求不断演变,从基本的生理需求到安全、爱与归属、尊重,最终达到自我实现。这种需求的层次性,首次由亚伯拉罕·马斯洛在其需求层次理论中被系统地阐述。何星亮研究员将人的属性划分为基本人性、民族性或国民性及个体独特性,这些属性共同构成了人成长为社会所需的人才的基础。

教育,尤其是职业教育,在这个过程中扮演着关键角色。它不仅响应了工业和技术的需求,而且致力于满足学生和教师的全面发展需求。职业教育实践教学空间是培养学生适应社会变革的关键平台,其中科学技术的应用和教育实践的深入,共同促进了学生的专业和技术技能提升。学生和教师的互动与成长需求推动了职业教育实践教学的持续发展,使教育实践教学空间不仅仅是技能传授的场所,更是人才综合素质培养的摇篮。

总的来说,人是职业教育实践教学空间的逻辑起点,教育的目标是培养具有高素质和高技能的人才,满足社会经济发展的需求,同时也确保人的全面发展和社会公平得以实现。这种教育逻辑不仅反映了对历史和社会发展规律的深刻理解,也体现了对未来人才需求的前瞻性布局。

(三)成才是技术技能人才培养的空间价值

当今世界正经历百年未有之大变局,在此背景下,人才成为实现民族复兴和国际竞争优势的关键战略资源。党的十九大报告强调了实施科教兴国战略、人才强国战略和创新驱动发展战略的必要性。在全球化及新冠疫情的影响下,如何有效培养技术技能人才,支持中华民族的伟大复兴,成为一项至关重要的战略任务。教育应该面向市场,服务于社会经济发展,促进学生就业。为此,我们需要构建一个德智体美劳全面发展的人才培养体系,这不仅符合职业教育的类型特点,也深化了产教融合和校企合作。进一步推进教师队伍、教材及教学方法的改革,规范人才培养的全过程,是优化职业教育体系的关键步骤。通过这些措施,我们可以加快培养符合当代需求的复合型技术技能人才,从而更好地支持国家的长远发展和国际竞争力的提升。

二、建构产教融合的人培体系是职业教育实践教学空间的逻辑框架

职业教育已步入"深化改革、提升能力、增强贡献"的新阶段。中国计划在未来5—10年，引导职业教育从追求规模扩张转向注重提升质量。因此，赋能职业教育实践教学空间成为迫切任务。实践教学空间效能的不足主要源于教师和学校对外界变化的适应和调控不足，以及实践教学空间本身存在的机制缺陷。

实践教学空间是高职人才培养的逻辑起点，社会需求场域则定义了人才培养的方向和目标，而产教融合及校企合作构成了实践路径。借助布尔迪厄的社会实践理论，我们可以从场域、资本和惯习三个维度来分析并优化职业教育的实践教学空间。

职业教育实践教学空间的人才培养应以人的发展、工作过程、实践教学空间关系三重逻辑为基础。相比传统模式，这种教学空间在专业群选择、高技术技能人才培养的自主性、实践教学空间设计的多样性方面具有更大的灵活性和自由度。教师群体包括双师型教师、企业师傅、社会名师等；学生群体则涵盖在校学生及参与各类培训的学员；资本资源则包括实践教学设施、VR/AR/MR 等技术资源。

这种四维动态关联的职业教育实践教学空间，不仅促进两次融合，还培养了三类人才，从而构建了一个现代职业教育体系，帮助学生迈向"完整人生、幸福人生"。这种教学模式的实施，是对职业教育质量和效能提升的积极探索，也是对未来职业教育发展方向的明确指引。

（一）校企社自互促空间协调生产资源共享

在布尔迪厄对场域的定义中，他描述场域为存在客观关系网络的一个配置。在这种框架下，高职教师能力场域可视为一种虚拟空间。在其中，教师作为主体面临巨大的诱惑和冲击，迫使他们向往、适应和追逐一系列显性与隐性规则，形成特定的能力场域。

国家通过发布《国务院办公厅关于深化产教融合的若干意见》《职业学校校企合作促进办法》以及多项教育现代化与教师队伍建设改革政策，设立了高职教师领导力场域的顶层宏观规则。这些政策和指南旨在完善职业教育培训体系，推动产教融合和校企合作。地方和行业标准构成了中观规则，引导高职教师领导力的评价方向；职教

集团和职业院校的规定作为微观规则，具体指导教师在产教融合背景下如何交流、成长、发展和整合行业资源，将行业内竞争转变为合作。

高职教师能力场域，作为现代社会大场域分化出的一个小场域，同样具备博弈性、对资本的依赖性、独立性与关联性的矛盾统一体特征。教师在这一场域内的互动和竞争是场域运行的常态，也是保持场域活力的重要因素。这种竞争不仅体现在对职业教育资源的争夺上，也展现在追求场域外独立性上。场域内的各种资本是推动教师场域运行的动力源泉。这样的场域动态促使教师不断发展和适应，以满足职业教育的发展需求。

（二）空间资本流动赋能场域融合、教学相长

布尔迪厄提出，个体所拥有的资本是其在社会实践中的工具，并通过实践获取益处。在国家"双高计划"和"提质培优行动计划"等重要项目中，高职学校全力以赴的竞争本质上是对教育场域中资本的争夺，包括项目带来的经济资本以及随之而来的文化资本和社会资本。尤其在师资队伍建设方面，"双高计划"的核心内容和"提质培优行动计划"的多项任务直接关系到教师能力的提升。

高职教师在争取这些计划中，若能成为核心层的一员，不仅能直接获得项目资金，还能在专业领域和内部话语权的竞争中获得优势，进而掌握更多教育资源。因此，高职学校应致力于提升争取国家和地方政府重大项目的能力，同时，高职教师也需调整自己在场域中的位置，将个人发展与学校发展紧密结合，为学校赋能的同时增强个人能力，持续优化专业建设、课程设计和实践教学。

帕森斯认为社会各系统间存在交换关系。高职教育获取资本的同时，向国家和社会提供人才培养、科研、文化传承及国际交流服务。高职教师从学校获取资源支持，反过来通过实现学校的教育职能为学校做出贡献。经济资本、文化资本和社会资本之间的转换关系使教师获取社会认可（如教授、博士、顶尖教学奖项及学者称号等），进而拓展人力资源网络，从而有机会获得更多项目支持。通过这种持续的资本转换和角色提升，高职教师逐步实现职业生涯的上升移动。

（三）技术技能人才培养体系完整互融互通

布尔迪厄提出，个体的实践行为受到其长期形成的惯习影响，而这些惯习则是由

个体的成长经历持续塑造的。2016—2018 年，"工匠精神"连续三年被纳入政府工作报告，并且十九大报告强调了建设知识型、技能型、创新型劳动者大军的必要性，倡导劳模精神和工匠精神，推崇劳动光荣和精益求精的社会风尚。

在传承鲁班文化和弘扬工匠精神的过程中，高职师生被鼓励培养强烈的家国情怀，并将追求经济资本、社会主义文化资本及社会资本视为自觉习惯。在这一文化（技术）资本的传递过程中，教师向学生传授知识和技能，不仅促进了学生文化（技术）资本的提升，教师本身在教学过程中也得到了进一步的精进和成长，体现了教学相长的教育思想。

学生通过学习和实践，将技术、知识转化为自身的惯习，这些惯习最终内化为个人的能力，成为其谋生和为社会做出贡献的基础。这一过程在职业教育实践教学空间中体现了资本流动、技术习得和惯习养成。

三、探索产教融合人才培养方案是实践教学空间的逻辑路向

（一）培养地方经济发展需要的技术技能人才

张佳（2014）通过柯布-道格拉斯模型进行分析后指出，在高等教育普及化的进程中，职业高等教育在区域经济发展中发挥了显著作用，尤其在东部和中部地区的贡献率高于西部。朱德全等（2021）也发现职业教育的地域差异显著，东部地区表现最佳，中部地区教育水平则相对较低。中央政府在《关于推动现代职业教育高质量发展的意见》中强调了优化职业教育区域布局的重要性。

职业教育与普通教育具有同等重要性。中央和国务院推动高质量发展职业高等教育和稳步发展职业本科教育，要求构建从中等职业教育、职业教育到专业学位研究生教育的完整体系。这体现了国家战略中聚焦高质量、统筹发展和系统发展的现代职业教育体系的重要性。

具体到政策实施，政府应增加对中等职业教育的投资，完善市场准入机制，并修订人才培养模式，以确保职业教育服务于地方经济社会发展。同时，地方经济应支持职业教育的进步，形成良性互动。在专科层次基础上，职业教育应发展应用技术类型高校，培养本科层次职业人才。《关于推动现代职业教育高质量发展的意见》进一步

提出了高标准建设职业本科学校和专业，确立"高起点、高标准、高质量"的职业本科教育标准。

职业教育的发展应注重规模与效益的平衡，避免脱离实际需求的低水平建设，强调新理念的发展模式。专业设置应紧密结合亟须领域、高端产业和新技术革命。职业教育的类型定位要优化，以增强其适应性，同时深化改革，以破除仅将职业教育视为层次教育的观念，全面提升职业教育质量和效果。

（二）探索类型教育所需的实践教学办学规律

当前职业教育正面临一种"自身不够强、行业不认可、社会地位低"的尴尬局面。为了扭转这种局面，职业教育需要遵循普通教育的基本办学规律，并兼顾职业教育自身的特点。职业教育涉及政府、学校、家庭、企业等多方利益主体，其利益往往难以达成一致，导致社会对职业教育的价值认同不足。

习近平总书记曾强调，职业教育在全面建设社会主义现代化国家新征程中具有广阔前景。因此，各级党委和政府需将职业教育摆在重要位置，通过优化顶层设计和制度环境，促进职业教育高质量发展。应该将职业教育发展纳入国家和地方的战略规划中，制定具体的促进机制和体制。

此外，职业教育的成功运作需要更广泛的社会参与。当前，我国社会力量参与职业教育的积极性不高，主要是由于缺乏良好的互动机制。《中华人民共和国职业教育法》鼓励发展多种层次和形式的职业教育，推进多元办学，并支持社会力量平等参与职业教育。这为社会各界提供了法律保障，扩大了职业教育的办学主体和参与形式，有助于形成多元共治的办学格局。

提升职业教育的办学质量至关重要。长期以来，职业教育被视为"底层教育"，其学生常面临"学历歧视"。要破除公众对职业教育的偏见，首先需要提升教育质量，拓宽技术技能人才的成长空间，确保学生能够通过职业教育提升学历和技能。此外，学校教育需与企业需求紧密对接，深化产教融合，创新办学模式，提高职业教育的适应性和实用性。

为了促进学生的全面发展，职业教育需要在纵向上扩展至本科、硕士甚至博士层次，同时在横向上与其他教育类型建立更多连接，丰富职业教育的供给，为青年学生提供更多发展机会。此外，应大力推动技能型社会建设，为技能型人才提供一个良好的成长环境，使职业教育毕业生能在社会中享有与普通高等教育毕业生相同的机会和待遇。

总之，职业教育的发展不仅是教育领域的任务，而且是社会发展的需求。通过提升职业教育的社会地位和质量，可以更好地服务于社会经济发展，培养更多符合社会需求的高技能人才。

（三）构建政校企多元合作的产教融合格局

公众对技术技能人才的认可程度在不断提升。随着工业革命的深入和人工智能、数字制造、工业机器人等新技术的创新突破，对高技能人才的需求日益增加。然而，职业院校毕业生常因学历问题无法进入技术技能人才的选拔门槛。习近平总书记在2021年全国职业教育大会上强调提升技术技能人才的社会地位，并提出构建技能型社会的理念。《中华人民共和国职业教育法》的实施为技能型人才成长提供了法律保障，要求各级党委和政府树立科学的教育观和人才观，构建以职业能力为导向的技能型人才评价体系，优化技能型人才成长的制度环境，并消除对职业教育的歧视。

职业教育在服务乡村振兴和推进国家现代化发展中扮演着关键角色。朱德全和杨磊的研究表明，职业教育能有效提升乡村生产要素的利用效率。为确保职业教育服务乡村振兴的持续性，建议设立项目制经费，优化经费使用的监督机制，并寻求与乡村振兴的共生发展，构建利益共同体。朱德全和熊晴进一步指出，职业教育应扎根本土，与乡村产业系统密切合作，充分发挥职业教育在乡村技术赋能中的作用。

对于职业教育实践教学空间的建设，应重点考虑其服务于乡村振兴人才需求的能力。首先，建设与乡村振兴人才培养需求相符的实践教学空间，提升其服务的针对性和实效性；其次，将职业教育实践教学空间作为乡村振兴利益共同体的重要载体，实现教学空间与乡村振兴工厂的互动共享；最后，职业教育实践教学空间应深根乡村，立足当地人才需求，紧跟乡村产业发展，共同制定乡村振兴人才培养方案，为乡村振兴提供人才支持。

总体而言，提高职业教育质量和社会认可度需要政府、社会力量和教育机构的共同努力。通过法律保障、政策支持和教育实践的不断优化，有效提升职业教育的地位，同时为技术技能人才的成长创造更多机会，助力国家现代化和乡村振兴战略的实施。

四、德技双馨人才培养是实践教学空间的逻辑价值

高等职业教育实践教学空间作为独立研究领域的地位认同和当前职业教育的深层次重构需求，都指向其生成逻辑。此逻辑不仅根植于丰富的历史经验，还对现实挑战做出回应，并顺应时代发展的趋势。生成逻辑的探索始于实践，终于实践，是对职业教育实践教学空间历史和系统性存在的深刻认识。

第一，历史维度。职业教育实践教学空间并非孤立产生，而是承载着厚重的历史积淀。新中国成立以来，特别是改革开放后，职业教育在各政策的推动下，经历了从基础构建到深化改革的历程。这一进程不仅是对传统教育理念的传承，而且是对工匠精神和实践技能重视的再发展。习近平总书记关于"古为今用、推陈出新"的指导原则，为职业教育实践教学空间注入了创新的理念，确保其既有历史连续性又符合现代教育需求。

第二，实践维度。实践是理论的源泉和检验标准。职业教育实践教学空间的建设和完善，是在不断地教育实践中进行的，通过历史上的教育实践和现实的教学需求不断调整和优化。这一空间不仅是技能培养的场所，还是技术与创新能力培育的关键环境。当前，随着经济社会对技能型人才需求的增加，这一教学空间的功能和效能愈发显著，其质量直接关系到职业教育的整体成效和社会评价。

第三，时代维度。职业教育实践教学空间的发展需紧跟时代步伐。当前社会经济结构的快速变化，特别是数字化和智能化技术的广泛应用，对教育系统提出了新的要求。这要求职业教育系统不仅要解决知识和技能的传授问题，还要注重学生创新能力和实际操作能力的培养。因此，实践教学空间的结构和功能必须做出相应的调整，以满足新的产业需求和技术发展。

综合上述三个维度，职业教育实践教学空间的构建和优化应基于对历史的深刻理解，明确的实践需求，以及对未来发展趋势的准确把握。通过这样的三维逻辑分析，可以更系统地理解和推进职业教育实践教学空间的发展，使其更好地服务于职业教育的目标和社会经济的需求。此外，这一空间的构建还应考虑到区域经济发展的实际情况，确保职业教育的质量与效率，同时，创新教育模式和教学方法，确保教育内容与技术进步相匹配，从而培养出真正能够适应未来社会发展的高技能人才。

第三节　职业教育实践教学空间立体构建

职业教育与普通教育同样重要，都是教育体系中不可或缺的一部分。职业教育具有职业性和教育性双重特性，通过开放式教学、产教融合、校企合作和实践教学等方式体现其类型教育的独特优势。20 世纪 80 年代以来，职业大学和职业院校等教育机构已将实践教学作为其教育特色和重点。

进入 21 世纪，国家强调职业教育应以服务社会为目的，以促进就业为导向，并采取产学研结合的发展策略。2019 年，教育部发布的《教育部关于职业院校专业人才培养方案制订与实施工作的指导意见》明确提出，实践性教学应占总学时的 50% 以上，岗位实习期通常不少于 6 个月。该指导意见还鼓励职业院校积极参与 1+X 证书制度试点、国家职业教育"学分银行"试点，以及学习成果的认定、积累与转换，还特别强调职业教育教师队伍应具备双师素质。

实践教学和实践育人是职业教育的传统优势和特色，构成了实践教学的四维空间模型：学校维空间、企业维空间、社会维空间和自创维空间。这些空间不仅为职业教育提供了实践育人的物理和概念载体，也为教育内容的现实应用提供了多样化的平台和环境。

一、实践教学的学校维空间

实践教学是职业教育不可或缺的一个教学环节，在职业院校培养高素质技术技能人才的过程中具有十分重要的作用。职业教育实践教学空间作为职业教育的教与学活动依存的场所，一端与教育性相连，一端与职业性相伴相生。高素质复合型技术技能人才的第一学习场所是职业院校，接受实践教学的第一维也是职业院校。因此，学校空间是职业教育实践教学空间的第一维。学校维空间作为"见习性"实践场域，是职业人才培养的萌芽之地，包括实践基地空间、教学过程空间和技能训练空间。

（一）实践基地空间

1. 虚拟现实仿真空间

云存储、大数据、物联网、云计算和人工智能等新兴技术的高速发展已深刻改变了教育系统的结构，不仅革新了传统学习方式，还拓展了教育的时间与空间范围。在这种科技进步的影响下，教育场所已从传统的学校环境转变为几乎任何地点——只要有接入互联网的设备（如电脑或智能手机），学习便能在任何地点进行。这种变化将教育的接受从物理空间转向了虚拟空间，实现了"处处可学"的新局面。

然而，人类作为社会性动物，依然需要与他人建立情感联系，这使教育的社会性实践空间变得更为重要，包括家庭实践空间、社区实践空间和更广泛的社会实践空间。在这些实践空间中，虚拟仿真技术发挥了关键作用。虚拟仿真技术，如虚拟现实（VR）、增强现实（AR）和混合现实（MR），通过模拟真实系统创造出虚拟体验。这些技术不仅包括计算机模拟和三维建模，而且扩展到数字孪生和全息投影等领域，其中计算机模拟和三维建模主要应用于教育领域。

VR、AR和MR技术虽有共同之处，如均需计算机图形技术绘制虚拟图形，但各有其独特应用和技术要求。AR技术通过摄像机捕捉现实世界景象，与虚拟信息相结合，增强真实世界的视觉感受。与之相比，VR技术则创造一个完全由计算机生成的虚拟环境，用户通过VR设备（如头戴显示器和感应装备）完全沉浸在其中。MR技术结合了VR和AR的特点，提供了一种更全面的虚拟体验，对计算机性能的要求也相应更高。

教育部高等教育司提倡将虚拟仿真技术用于创建"金课"，以及社会实践"金课"，这突出了"智能+教育"的结合。虚拟仿真实验实训项目的建设，尤其是通过VR、AR和全息投影技术的应用，旨在开创教育新途径，促进虚拟现实仿真教学空间的发展。

虚拟现实仿真空间的作用在教育中体现在多个方面。首先，VR技术提供的沉浸式体验能够使学生完全进入由计算机生成的三维虚拟环境，进行多感官交互；其次，AR技术通过在真实场景中增加虚拟元素，增强教育内容的吸引力和教学的互动性；最后，MR和其他虚拟仿真技术将这VR技术和AR技术的优点结合起来，提供更全面的教育体验。

综上所述，虚拟现实技术在教育领域的应用不仅仅是技术上的突破，而且是一种全新的教育模式的探索，它拓宽了教育的边界，增强了学习的可接达性和参与感，为现代教育带来了革命性的变化。

2. 实体模型实践空间

实体模型实践空间是职业教育中的重要组成部分，其核心在于利用具体的物理模型来模拟真实世界的结构和功能，以此加深学生对专业知识的理解和应用。实体模型可以被定义为客观世界中物质的具体代表，它以简化、抽象的方式来模拟现实中的系统或事件。这种模型通常分为三种类型：质量模型、能量模型以及数字模型。每种模型根据其功能和用途的不同，分别应用于不同的教学场景中。

在职业教育实践教学中，实体模型主要分为静态模型、助力模型和动态模型。静态模型主要用于展示和学习静态结构或系统；助力模型通过外界动力来展示物体结构的动态连接和物理运动；动态模型完全依赖于内置的动力系统来模拟连续的物理运动。通过这些模型，学生可以直观地观察和学习专业技能，同时增强对所学知识的实际应用能力。

实体模型的教学空间不仅仅是物理空间的集合，还涉及感知活动的复杂过程，包括对内外部事物的察觉、感知和理解。这种感知活动不仅包括生物体内部的生命状态和心理过程，还涉及外部环境的认知。职业院校在实训室建设上的投入逐年增长，目的是提供具体的专业实训设备，为学生提供直接的专业感知空间，帮助他们更好地理解和掌握所学专业技能。

除了物理模型，模拟生产训练空间也是教育实践中不可或缺的部分。这种空间模拟具体的工作环境和流程，使学生能够在实践中直接应用其技术技能。职业院校在构建这些训练空间时，需要考虑如何有效地将有限的物理空间与学生的学习需求结合起来，确保知识和技能的有效传授和学习。

精神空间同样重要，它关乎学生、教师和同学之间的互动关系和心理状态。一个积极向上的精神环境能够显著提高学生的学习效率和学习质量。因此，职业院校在构建物理训练空间的同时，也应重视精神空间的构建，促进学生的全面发展。

综上所述，实体模型实践空间在职业教育中发挥着至关重要的作用，通过物理和精神两个维度的互动，不仅提升了教育的质量和效果，也为学生的专业成长和技能提升提供了必要的支持。这种综合的教学环境对于培养具有实际操作能力和创新思维的技术技能人才具有重要意义。

（二）教学过程空间

实践教学在高等教育中扮演着与理论教学截然不同的角色，更注重以学生为中心的教学方法。不同于传统的"课堂中心""教材中心""教师中心"教学模式，实践教学着重于"活动中心""经验中心""学生中心"。这种教学模式强调基于学生的实际需要和经验进行教学，旨在提升学生与市场相关的专业技能。教育实践中至关重要的是为学生提供充分的实践空间，使他们能够深入体验教学过程。其中教师的领导力、教学材料的质量以及教学方法的改革是关键因素。

1. 教师领导力构建

教师领导力在教育改革中尤为关键。教育者应首先受到教育，承担起指导学生健康成长的责任。20世纪80年代以来，美国的教育改革已经开始重视教师的领导力，认为优质的教育是经济发展的关键。在中国，尽管"教师领导力"已成为义务教育和高中阶段教育研究的热点，但在高等教育领域，对此的研究还相对较少。目前，关于高校教师领导力的研究成果不多，国内外的研究主要集中在教师领导力的定位、知识体系以及与教师职业发展的结合等方面。

研究表明，高职教师在团队合作、共同研究、专业发展、教学相长、社会合作及学生能力开发等方面存在明显短板，这些不足影响了教师的教学质量和效果。不当的教育行为不仅扩散迅速、隐蔽性强，一旦形成风气便难以矫正，会对学生全面健康的发展造成负面影响。

职业教育正处于深入改革、赋能升级、强化贡献的新阶段，计划在未来5—10年实现从扩大规模到提升质量的转变，这一过程中对高职教师的赋能显得尤为迫切。高职教师领导力的不足，往往源于对外部刺激的适应和调控能力不足，以及领导力培养机制上的缺陷。实践教学场域已被证明是培养高职教师的起点，社会需求定义了培养的方向和目标，而产教融合则是实现这一目标的关键路径。

根据布尔迪厄的社会实践理论，我们可以从场域、资本和惯习这三个维度来探讨高职教师领导力的专业化培养路径。首先，要基于产教融合构建领导力提升场域。布尔迪厄把场域定义为存在客观关系网络的一个配置。高职教师领导力场域可视为一个隐匿的虚拟空间，其中教师通过遵守显性与隐性规则来追求和行使领导力。国家层面已出台《关于深化产教融合的若干意见》《职业学校校企合作促进办法的通知》等多项政策，旨在促进教育与产业深度融合，为高职教师领导力的提升提供制度支撑。

其次，为提升高职教师领导力水平，应注重资本的有序获取和利用。职业院校参与国家的"双高计划""提质培优行动计划"等项目，旨在通过竞争获取教育资本、文化资本及社会资本。这些资本的获取不仅能提升学校和教师的竞争力，也是推动专业与内部话语权竞争的关键。因此，高职学校需积极培养与国家、地方政府合作的能力，从而为学校及教师个人发展赋能。

最后，在提升教师领导力水平过程中，教师的个体发展应与学校的整体发展紧密结合，通过专业建设、课程设计及实践教学的持续改进，有效解决人才培养与服务地方经济发展的需求。此外，按照塔尔科特·帕森斯的理论，教育系统内的各部分应与社会其他系统之间保持积极的交换关系，以促进社会整体的和谐发展。

总的来说，高职教师领导力的构建不仅是提升个体教师能力的过程，也是整个职业教育系统与社会经济需求对接的关键环节。通过系统的策略和实践路径的优化，可以有效提升教师领导力，进而推动职业教育质量的整体提升。

2. 实践教材质量

教材在职业教育中起着至关重要的作用。它们不仅是课程标准的具体体现，也是专业知识传递和实践技能训练的基本工具。职业院校的实践教材空间特指用于实习和实训的教材及其配套资源的整体应用环境。它包括教材本身及其配套的多媒体教学资源，如视频、模拟软件、互动平台等。

首先，职业院校的实践教材经过精心设计，以确保其内容既符合教育部门的课程标准，又能满足行业的实际需求。这些教材通常包括理论与实践相结合的教学内容，不仅提供书面的知识点讲解，还包括案例分析、实际操作指导和问题解决方案等，以增强学生的职业技能和实际操作能力。

其次，教材的组织形式非常适合职业教育的特点。教材通常按学年或学期编排，内部结构包括多个项目或单元，每个项目或单元围绕特定技能或知识点展开，便于教师按部就班地进行教学，并能让学生按照学习进度逐步掌握所需技能。每个项目或单元结束时，通常会有实践练习和项目任务，使学生能将理论知识应用于实际操作中。

最后，随着技术的发展，数字化教材和虚拟仿真工具越来越多地被整合到职业院校的实践教学中。这些数字资源不仅丰富了教材的内容，还增强了教学的互动性和趣味性，可以帮助学生更好地理解复杂的概念和过程。例如，通过虚拟现实技术，学生可以在模拟环境中进行汽车修理或手术操作，这种沉浸式学习体验能显著提高学生的学习效率和技能掌握程度。

综上所述，职业院校的实践教材空间是一个综合性的教学资源体系，它通过结合传统教材和现代教育技术，为学生提供一个全面、多维度的学习环境，旨在培养学生的专业能力和实际操作技能，满足职业教育的核心需求。

（三）技能训练空间

职业教育作为一种教育类型，其特色在于同时跨越"教育域"与"职业域"这两个领域，具有独特的双重属性。不同于学历教育的理论重心，职业教育强调"实践性"，主张学生通过实践活动学习和锻炼注重培养学生的实际操作能力和专业技能。

在具体实施上，职业院校通过多样化的实践教学空间来全面增强学生的专业能力和实际操作技能，确保教育与行业需求的紧密对接。以下是职业院校实践教学空间的几种主要类型。

一是军事技能训练空间。在这一空间内，学生接受系统的军事理论教育和实际操作训练，包括基础军事姿势、射击技能、野外生存技巧、战术行动等。这些训练不仅增强了学生的国防意识，还有助于提高他们的身体素质和心理承受力，特别是在压力环境下的适应能力。此外，军事训练还培养了学生的纪律性和团队协作精神，这些都是今后职业生涯中极其宝贵的素质。

二是技能竞赛空间。职业院校通过组织或参与各类技能竞赛，如职业技能大赛、创新设计大赛等，为学生提供了一个展示和锻炼自己专业技能的平台。在这些竞赛中，学生能够将在课堂上学到的理论知识转化为实践操作，找到并强化自己在专业领域内的优势和不足。通过这种方式，学生可以在实际应用中提升自己的创新能力和解决复杂问题的能力。

三是职业技能证书培训空间。该空间专注于提供系统的职业技能培训，帮助学生获得与其专业相关的各类职业资格证书，如电工证、焊工证、会计证等。这些资格证书对学生的就业至关重要，能够显著提高他们的职业竞争力。培训通常包括专业理论教育、操作技能训练和模拟考试，确保学生能够全面掌握必要的职业技能，并成功通过职业资格考试。

通过这些实践教学空间的设置，职业院校不仅能够增强学生的实际操作能力，还能够培养学生的职业素养和解决实际问题的能力，从而为未来的职业生涯打下坚实的基础。这种教育模式有效地将理论与实践结合，确保了教育内容的实用性和前瞻性，同时也满足了社会和经济发展的需求。

这些实践教学空间的设置基于以下几个方面的考量，旨在综合提升学生的专业素养和市场适应能力。

第一，培养学生的实际操作能力。通过精心设计的实践活动，学生可以直接参与与其专业相关的工作，从而使在课堂上学到的理论知识得到实际应用。例如，工程学学生可以参与真实的机械装配工作，医学专业的学生可以在模拟的医疗环境中进行诊断和治疗。这些都是确保学生能够在真实职场环境中快速适应并进行有效工作的关键步骤。

第二，提升学生的职业技能。各类技能培训和实习实训机会使学生的技能水平得以提升，达到或超过行业标准。通过与行业专家和企业合作，学生不仅可以学习最新的技术和方法，还可以对行业趋势有直观的了解。比如，计算机科学学生通过参与编程马拉松和软件开发项目，可以实际操作并提升编程技能。

第三，增强学生的职业适应性和就业竞争力。实践教学空间特别注重培养学生的职业适应性，通过提供实际工作场景的模拟，使学生能够适应快速变化的工作环境。此外，通过参与职业资格证培训并获得认证，学生可以展示其专业能力，这不仅增加了他们的职业资格，也大大提高了他们的就业竞争力。例如，一个电子工程专业的学生，通过获取电子技师证书，能够证明其具备专业的电子设备维修和安装能力。

第四，促进终身学习和自我提升。职业院校鼓励学生主动学习，通过实践教学空间提供的资源，学生可以不断探索新的学习领域和技能提升机会。这种教育模式不仅限于学生在校期间的学习，还旨在培养学生的终身学习能力，使他们在未来职业生涯中持续成长和适应新的挑战。

第五，强化团队合作与领导能力。在实践教学空间中，学生常常需要与同伴合作解决问题。这不仅增强了团队合作技能，也有助于培养未来职场所需的领导能力。通过团队项目和领导力培训，学生学习如何管理项目、协调团队和进行有效沟通。

通过这些综合的教学策略，职业院校的实践教学空间不仅提供了技能培养的平台，还促进了学生全面能力的发展，使他们准备好迎接职业生涯的各种挑战。这些实践教学空间不仅有助于学生技能的提升,也有助于培养学生的社会责任感、团队合作能力及创新思维能力。通过这种多维度的实践教育,职业院校旨在为社会培养出既有专业技能也有良好职业道德的技术型人才。

二、实践教学的企业维空间

实践是认识的来源和发展的驱动力。职业院校区别于普通高校的显著特色在于重视学生的实践经验和直接体验,使学生通过实践活动获得知识、提升技能并促进个人成长。对于高职学生而言,企业提供了关键的"岗位性"实践环境,包括认知实习空间和岗位实习空间。

(一)认识实习空间

认识实习是职业院校实践教学的重要部分,主要目的是让学生了解工作流程,为持续学习奠定基础。这种实习通常由职业院校统一管理,以班级或专业为单位,由专业教师带队到企业参观学习。通过认识实习,学生不仅可以了解生产或服务一线岗位的实际工作,还能提前熟悉职业道德、技术标准、安全生产及产业发展趋势,培养专业认同感,为后续专业技能学习做准备。

当前,认识实习面临一些挑战。一方面,实习周期短且安排灵活,旨在解决企业的实际困难。但这种灵活安排往往使学生在实习期间面临心理波动或其他问题时难以获得学校的支持,不利于心理适应能力和专业实践能力的提高。另一方面,尽管学校将实习安排在教育计划的最后阶段,并希望通过实习直接促进就业,但实习生的职业能力往往难以满足生产服务的实际要求,导致心理压力增大。为改善这一现状,认识实习模式引入了一周的磨合期,期间前后批次的学生可以相互传授经验和技能。这种模式不仅提升了学生的语言表达能力和人际沟通能力,也加深了他们对专业知识和技能的理解。此外,明确实习的学习目的,而非仅仅为了就业,有助于减轻学生对企业环境的陌生感和就业压力,促进学生更好地融入企业。认识实习的类型包括参观工作式、观摩工作式和体验工作式三种形式,分别对应不同的学习深度和参与方式,从简单的观察到深入的操作体验。

认识实习空间的构建策略主要有以下几个方面。首先,建立立体的组织机构,提供认识实习的组织保障。例如,成立由多部门组成的领导小组来统筹认识实习工作,确保实习企业和学校之间的顺畅沟通和协调。其次,加强思想引领。例如通过企业文化和管理制度的渗透教育,以及组织认知实习心得报告会和企业专家讲座等活动,帮助学生深化对职业环境的理解和适应。再次,采用多措并举的方式加强实习管理。例如实习期间实施分时段管理模式,确保实习的安全和效果。最后,建立业绩考评和质量反馈机制,及时调整和优化实习计划,确保实习达到预期的教育目标。

通过这些策略,认识实习不仅能帮助学生建立专业基础,还能有效地提高他们的职业适应性和就业竞争力,为他们的职业生涯奠定坚实的基础。

(二) 岗位实习空间

岗位实习是高职教育中的关键环节,旨在使学生通过实际参与生产过程,综合运用所学理论知识和专业技能,完成生产任务。这种实践不仅增进了学生对工作过程的理解,还有助于学生熟悉必要的运算技能、企业管理制度,从而形成正确的劳动态度。岗位实习通常在教学任务接近完成时进行,主要目的是为学生提供独立工作的机会,为即将到来的就业阶段做准备。调查显示,岗位实习中存在一些问题,如实习期短、与专业不对口、实习质量参差不齐等。这些问题影响了实习的效果和学生的就业准备。企业对实习生的培训质量起着决定性作用。但由于成本和效益的考量,企业可能无法提供足够的支持。企业的实习成本包括直接支出、生产损失和管理费用,而收益则来自学生的生产贡献和潜在的人力资源储备。高质量的岗位实习依赖于多个因素:实习的培训内容应具有广泛的通用性,以降低企业的特定技能培训成本;学生的留职率影响企业的投资回报;企业规模可带来规模效应,可降低成本;企业的资本技术密集度,长短实习期间,信息对称性以及合理的学生薪酬策略都是重要考量。

构建高效岗位实习空间的策略通常包括以下三个方面。

第一,宏观政策优化。改善岗位实习制度政策。首先,取消岗位实习报酬的下限,以激励企业提供高质量实习。其次,制定企业实习资格门槛,并通过教育行政和人力资源管理部门联合创建企业实习白名单,评价企业基于接收学生数量和培训质量,动态调整资格。最后,建立职业实践培训制度和第三方监督,以减少信息不对称,据企业实习质量,酌情取消普惠性企业补助,促使企业专注于提供质量实习而非数量。

第二，岗位实习安排优化。职业院校在选择合作企业时应考虑其技术水平和招收学生的积极性。合理设置实习时间，避免过短或过长的实习期限，以平衡成本和效益。例如，研究表明，最佳实习时间为 9~12 个月。此外，应通过定期评估确保实习质量；教师应定期检查企业的实习管理和学生的学习进展。

第三，实习学员行为优化。不应仅以薪酬高低作为聘用标准，而应强调实习质量，如专业对口、专业指导的可用性和任务的生产性。优先选择资本技能密集型的大中型企业进行实习。这些企业通常会提供更系统的培训和更好的职业晋升机会。此外，与企业签订明确的实习合同，规定双方的责任，确保实习期间不更换实习单位，以保持培训的连续性和效率。

三、实践教学的社会维空间

（一）社科公益空间

1. 社会调查实践

社会调查是一个以专题为中心的教学活动，通过创新和改革的方法构建其路径。首先，实现以学生为主体的社会调查，让学生承担主要任务，并在实践中深入探索和思考，撰写调查报告。其次，建立以合作为核心的调查团队，促进学生之间的团结与协作。再次，重视以结果为导向的社会调查，让学生通过实地调查了解社会的真实情况。从次，改变评价体系，以更好地反映学生在社会调查中的表现。最后，教师需调整教学方法，以适应社会调查活动的需要，强化理论与实践的结合。

2. 志愿者服务实践

志愿者服务实践指参与非营利的公共服务，重视奉献精神而非物质回报。根据《中国慈善发展报告（2020）》，中国有大量的注册志愿者和志愿团体，展示了志愿服务的广泛参与性和重要性。特别是在公共危机如新冠疫情期间，志愿者特别是受过良好教育的青年学生发挥了巨大作用，他们不仅参与了紧急救援活动，还通过自身行动积极影响社会，改善不公现象，支持弱势群体。

3. 科技发明实践

科技发明实践涵盖学生在职业院校期间独立或与导师合作完成的科技成果。在构建科技发明实践空间时，首先应确立学生与学校之间按约定优先的权益关系。其次，建立平等合作机制，确保学生在科技创新过程中能公平地享有成果权利。最后，建立监督管理机制，保护学生在科技发明过程中的权益，尤其是在学术资源和行政事务上的权利。

通过这些方法，可以更好地引导学生理解并参与社会调查、志愿者服务和科技发明等实践活动，不仅能提升他们的专业技能，还能增强他们对社会责任和创新的认识。

（二）实践锻炼空间

1. 劳动教育实践空间

劳动教育，作为人类维持生存和发展的基础活动，包括脑力劳动和体力劳动两大类。中共中央、国务院以及教育部已经将劳动教育纳入国家教育体系，并特别强调在职业院校中实施，规定必须开设不少于16学时的专题劳动教育课程。此举的目的在于通过具体的劳动活动，全面提升学生的劳动技能、劳动心态和劳动价值观。

当前职业院校的劳动教育主要聚焦于与职业技能直接相关的教育内容，而对生活劳动、服务性劳动等与职业非直接相关的劳动形式涵盖不足。这种偏重导致学生在面对实际工作时，尽管技能充足，但在处理劳动与日常生活的关系、服务行业的劳动态度、对劳动本质的深层次理解上可能存在缺陷。

为了实现更全面的劳动教育目标，可以采取以下策略。

第一，系统化劳动教育。结合理论与实践的教学方法，将劳动教育课程设计为既包含课堂学习也包含实地操作的模式。通过这种方式，不仅可以教授必要的职业技能，还可以让学生在实际操作中学习如何面对和解决工作中的具体问题，从而全面提升他们的劳动技能和劳动态度。

第二，强化劳动教育实践空间。利用职业院校丰富的教育资源和设施，创建多种劳动实践环境。例如，设置模拟工厂、实验农场或服务性实训中心，让学生在真实或近似真实的工作环境中进行学习。这不仅可以帮助学生理解职业技能的应用，也可以促使他们体验和理解日常生活中的各类劳动。

第三，培养正面的劳动观念。劳动不仅是职业生活的需求，也是个人发展和社会进步的基石。职业院校应通过课程设置和校园文化建设，强化学生对劳动的尊重。这包括教育学生理解劳动的社会价值，认识到不同类型劳动的重要性，并通过正面的评价体系和激励机制，鼓励学生积极参与劳动。

通过这些方法，劳动教育不仅能增强学生的职业能力，而且能在更广泛的社会文化背景下培养他们的责任感和使命感。这样的教育方针有助于培养出既具备专业技能，又能够理解并尊重劳动的全面发展的社会主义建设者和接班人。

2. 勤工俭学实践空间

勤工俭学，作为提升学生综合素质的重要手段，不仅帮助学生财务自立，还丰富了他们的社会经验、提升了职业技能。现代勤工俭学具有创业教育的特色，职业院校通过提供多样的勤工俭学机会，支持学生的职业发展和创业活动。

勤工俭学作为一种提升学生实践能力和职业技能的重要教育策略，在职业院校中尤为重要。通过以下几种具体实施方式，全面提高学生的综合素质。

第一，创业导向的教育模式。职业院校积极开展创业教育，以增强学生的创业意识和能力。通过建立"大学生创业园"等实践平台，学生可以在校园内直接接触到创业环境，实际操作从市场调研到产品开发、营销和管理的各个环节。这种模式不仅为学生提供了一个安全的试错空间，而且还能在导师的指导下，接受来自真实市场的反馈，优化和调整自己的业务模型。

第二，丰富校内外勤工俭学机会。职业院校通过与地方企业建立战略合作伙伴关系，为学生提供广泛的实习和创业机会。学校可以依托企业提供的资源，安排学生参与实际的工作中，从而使学生能够在真实的工作环境中应用其在学校中学到的理论知识，提升其职业技能。同时，这种合作也支持学生通过参与真实的业务操作，理解行业动态，提高其就业竞争力。

第三，综合利用勤工俭学。勤工俭学不仅限于简单的劳动或服务，职业院校还通过组织各种创新比赛和实践项目，激励学生运用创新思维解决实际问题。这些活动可以是编程马拉松、设计思维工作坊、创业计划竞赛等，旨在培养学生的团队协作能力、项目管理能力及创新能力。通过这些活动的参与，学生能够在实践中学习如何与不同背景的团队成员合作，共同解决问题，从而增强其未来职场中的适应能力和创新能力。

这些教育模式的实施不仅有助于学生掌握实用技能，还促进了他们的个人成长，使他们能够更好地适应快速变化的工作环境。

第四章　我国本科层次职业教育探究

第一节　本科层次职业教育内涵

本科层次职业教育是一种独特的教育形式，它基于中等及专科层次职业教育之上，旨在培养高层次的技术应用型人才。这种教育形式通过有计划和有组织的方式，致力于提升学生的职业技能和综合素养，并帮助他们获得相关的职业资格证书。在中国，本科层次职业教育按照特定的概念界定，通过属加种差定义法来明确其内涵，从而确保教育活动与社会及产业需求紧密相连。这种教育的内涵主要从三个方面进行深入解析。

一、类型上属于职业教育

本科层次职业教育与高等教育经常被误认为是相互独立的教育类别。但实际上，职业教育是一种教育类型，可包括高等教育层次，而高等教育则是一个包含职业教育在内的更广泛的教育层次。这种分类上的混淆限制了我国职业教育的发展，使职业教育在整个高等教育系统中的位置显得模糊不清。教育类型的准确分类是高校定位和办学理念的基础，不合理的分类会导致高校定位的不确定性。在国际上，教育分类的标准较为清晰。

1976年，联合国教科文组织制定了《国际教育标准分类法》（ISCED），后续根据全球教育和经济的变化，于1997年和2011年分别进行了修订。这一分类法在国际上通用，明确了教育系统的全局。2011年修订版进一步细化了关于高等教育的分类，明确区分了高等教育的不同层次，包括短期高等教育、学士级、硕士级和博士级，并清晰界定了职业教育与普通教育的关系，强调两者在各教育层级中的贯通性和互补性。

中国的本科层次职业教育根据国际标准，应被归类在高等教育的学士级别，并属于职业教育类型。这与国际教育发展趋势相符，也为我国职业教育的定位提供了理论依据。与普通教育相比，本科层次职业教育有以下几个显著特点。

一是教育理念的差异。本科层次职业教育侧重于职业技术和实践技能的培养，目标是解决实际工作中的具体问题，强调知识的应用性；本科层次普通教育侧重于学术理论的深入探讨和科学研究，追求理论知识的系统性和完整性。

二是人才培养目标与方式的不同。职业教育致力于培养能立即投入工作的高层次技术应用型人才；普通教育培养具有深厚理论基础的学术型人才。职业教育注重实践和技术应用；普通教育强调理论深度和学术研究。

三是办学体制的差异。职业教育通常与企业和产业界合作密切，采用开放和灵活的办学模式；普通教育相对封闭，侧重于学术性。

四是教师队伍构成。职业教育倾向于聘用双师型教师，结合兼职教师；普通教育侧重于全职的理论型教师。

五是生源的差异。职业教育招收的学生来源更为多样，包括中等职业教育和专科毕业生以及具有实际工作经验的社会人士；普通教育的生源主要是普通高中毕业生。

这些特点明确了本科层次职业教育在我国高等教育体系中的独特地位和功能，有助于更准确地界定其教育目标和改进教育实践。

二、层次上属于本科教育

（一）国际上职业教育人才培养层次高移

职业教育提升至本科教育层次是全球教育发展的关键趋势之一。这一趋势反映出职业教育自身的内在发展需求。在全球范围内，本科层次的职业教育正在迅速扩展，并已在多个国家和地区成为推动经济发展的关键因素。这种教育的扩展是对社会经济发展需求的直接响应，不受任何主观意志的影响。特别是在第二次世界大战后，面对第三次科技革命带来的科技和产业结构变革，发达国家和地区通过改革高等教育系统，纷纷发展本科层次职业教育，以解决专业技术人才短缺的问题。

例如，英国设立多科技术大学，德国将专科学校升级为应用科技大学，日本设立技术科学大学，都是为了培养符合现代经济需求的本科层次职业技术人才。中国台湾地区也于1974年设立了台湾工业技术学院，开展四年制的本科层次技职教育，后来该地区技术学院和科技大学数量显著增加。

在中国大陆，虽然本科层次职业教育的开展较晚，但自20世纪末起，随着高等教育规模的扩大，教育部开始试点四年制本科层次职业教育专业，并逐步积累了一定的办学经验。这表明，职业教育的高层次化顺应了国际教育发展的潮流，并响应了中国社会经济发展的需求。

总之，职业教育的高层次化不仅是国际趋势，也是对经济和技术发展需求的适应。对于中国而言，推动职业教育从专科层次向本科层次的升级是顺应这一发展规律的必然选择。

（二）本科层次职业教育与专科层次职业教育的区别

本科层次职业教育与专科层次职业教育是职业教育体系中的两个不同层级。尽管它们均属于高等教育并拥有共同的职业教育特性，但在多个方面存在显著差异。

1. 技能要求的差异

本科层次职业教育与专科层次职业教育虽同样培养技术应用型人才，但技能要求存在显著差别。本科层次职业教育培养的是具有较高层次的技术管理与应用能力的人才，可类比于技师级别，涉及更复杂的技术环境与挑战，要求学生不仅能操作和维护先进技术，还能进行管理和创新。相比之下，专科层次职业教育更注重高级技术操作能力，即高级技术员级别，重在快速适应具体技术职位的需求。

2. 培养目标的层次性

本科层次职业教育旨在培养能够适应多种专业领域和较高技术要求的复合型技术应用人才，强调理论与实践的结合，培养学生的技术应用能力、解决问题的能力及管理能力。专科层次职业教育主要针对特定技术岗位的直接操作能力，更注重实践操作技能的培养。

3. 培养方式的差异

本科层次职业教育与专科层次职业教育在教育模式和教育内容方面具有显著的差异，主要表现在以下几个方面。

（1）专业设置

本科层次职业教育通常提供更广泛的专业选择，以适应不断变化的工业需求和技术发展。这种广泛的专业设置使本科层次教育能够为学生提供更多机会，以适应不同行业的需求，从而增强学生的就业竞争力。例如，本科层次可能开设从信息技术到可持续能源技术的课程，涵盖了新兴行业和传统行业的交叉技能。相比之下，专科层次职业教育更倾向于提供专注于特定技能的紧凑课程，如自动化技术或特定工具的应用，为学生快速进入劳动市场做准备。

（2）课程结构

本科层次职业教育在课程结构上通常包括更全面的理论和技术知识，课程设计旨在不仅传授专业知识，还强调批判性思维和创新能力的培养。例如，本科课程可能包含先进计算、工程原理、项目管理以及创新方法学等内容，强调理论与实践的结合，旨在培养学生解决实际工作中的复杂问题的能力。专科层次职业教育更注重于具体技能的训练，如机械操作、电路设计等，这些课程往往以实验和实习为主，目的是使学生能够快速掌握必需的操作技能。

（3）教学方法

本科层次职业教育强调理论与实践的平衡，采用多种教学方法，包括案例研究、项目导向学习和跨学科团队项目，以培养学生的综合能力和领导能力。这种教学方式鼓励学生发展批判性思维和解决问题技巧，以及在真实情境下应用理论知识的能力。专科层次职业教育更侧重于实践教学和技术培训，课程经常设计为模拟工作环境的工作坊或实验室活动，使学生可以在掌握理论的基础上，迅速获得实际应用能力和操作技能，为直接投入职场做准备。

总的来说，本科层次职业教育旨在为学生提供一种综合的教育经验，培养他们成为技术精湛且能够适应未来挑战的职业人才；专科层次职业教育更多地关注快速培养学生的具体职业技能，以满足特定工作岗位的需求。

三、以培养高层次技术应用型人才为目标

本科层次职业教育旨在培养高层次技术应用型人才，以适应社会发展需求和满足个人成长的需要。这一教育阶段是基于本科教育的高等教育层次，结合职业教育的具体目标实施的。

（一）本科层次职业教育人才培养目标的确立

第一，确立人才培养目标。本科层次职业教育的核心目标是培养学生系统掌握基础理论、基本技能及相关职业知识，以为他们从事专业领域的实际工作和研究做充分准备。根据《中华人民共和国高等教育法》，本科教育应使学生系统掌握必需的理论和知识，而《中华人民共和国职业教育法》强调通过职业教育全面提高学生的素质，包括思想政治和职业道德教育。《教育部关于加强高职高专教育人才培养工作的意见》更是明确了职业教育的目标，即培养能够适应第一线生产、建设、管理、服务需要的高技术应用型人才。

第二，适应社会需求。随着我国部分地区实现工业现代化，对高层次技术应用型人才的需求日益增长。技术产业的快速发展和技术含量的提高要求劳动者不仅要有强大的理论背景，还需具备实际工作能力，以促进技术的快速转化和应用。本科层次职业教育应提升教育层次和质量，以适应这些变化。

第三，满足个人成长需要。本科层次职业教育的根本目标是促进受教育者的个人成长和职业发展。目前，职业教育的通道未完全畅通，多数学生完成学业后直接进入劳动力市场，较少学生有机会继续接受本科教育。这一制度性缺陷限制了学生的持续职业发展和个人成长。本科层次职业教育通过提供更广泛的教育形式和机会，不仅丰富了教育体系，也满足了学生多样化的教育需求，支持他们的终身学习和职业发展。

总体而言，本科层次职业教育应综合考虑社会需求、教育质量和个人成长的多方面需求，确保教育目标、内容和方法的现代化和实用化，以培养能够适应快速变化的社会需求的高技术应用型人才。

（二）本科层次职业教育人才培养的特征

本科层次职业教育在人才培养方面具有独特的特性，归纳为以下三个主要方面。

第一，职业性与发展性的统一。本科层次职业教育以其职业性为核心，注重培养学生的技术应用和管理实践技能，紧贴市场和企业的需求。同时，这种教育不仅针对特定技术岗位，也强调学生的全面发展和长期职业适应性。因此，它既是一种职业准备教育，也是促进学生长期成长的教育，致力于提高学生的适应能力和应对快速变化的职业世界的能力。

第二，应用性与创新性的结合。本科层次职业教育强调实践技能的培养，尤其是提高学生的策略性技能，使其能够利用科学技术原理解决实际生产问题，并实现技术的维护与管理。此外，教育过程中还鼓励学生利用广泛的理论知识和综合能力进行技术创新，从而适应知识经济时代技术的复杂性和快速变化。

第三，复合性与跨界性的结合。本科层次职业教育注重知识的广度和整合，通过跨学科的课程设计，融合人文社科知识与专业技术知识，以培养学生的复合职业能力和综合素质。教育不仅限于学校内部，还通过与企业和产业界的合作，采用产教融合的方式，强化学生的实际操作和解决问题的能力。跨界教育活动使理论知识在实际工作中得到应用，提高了学生的创新能力和职业竞争力。

总结来看，本科层次职业教育特别强调实用性与未来发展能力的平衡，通过整合应用性和创新性，以及通过教育活动的复合性和跨界性，全面提升学生的技术能力和综合素质。这样的教育模式为学生提供了适应多变职业环境的必要工具和能力，确保了他们的长期职业成功和个人发展。

第二节　本科层次职业教育的现状

全面了解我国本科层次职业教育的当前探索现状，是研究本科层次职业教育未来发展方向的重要前提。为此，本节通过系统的文献分析和实地调查研究相结合的方法，深入探讨和分析我国在本科层次职业教育领域的具体实践。首先，通过广泛收集和整理相关政策文件、学术论文和行业报告，构建了对本科层次职业教育现状的全面认识框架。然后，选取若干代表性的高等职业院校作为案例，通过问卷调查、访谈和参与观察等方式，实地了解这些院校在课程设置、教学模式、校企合作、学生就业等方面的创新探索及其效果。

通过深入分析，本节揭示了当前我国本科层次职业教育发展中存在的一系列困难与障碍。这些问题主要包括资源配置不足、师资力量不均、产教融合程度不够以及职业教育社会认可度相对较低等。在具体分析这些问题的时候，还将关注与国际职业教育发展趋势的对比，以及这些问题在不同地区、不同类型院校中的表现形式和差异。

一、本科层次职业教育的需求分析

涂尔干在探讨大学教育思想的历史演进时提出:"教育的转型始终是社会转型的结果与症候。"① 这一观点对理解我国教育变迁具有重要意义。随着我国社会经济的快速转型,高等教育结构亟须调整以适应这一变化,从而为本科层次职业教育的发展提供前所未有的机遇和强大的外部推动力。同时,现代职业教育体系的构建和高等教育结构的调整也为本科层次职业教育提供了强有力的内部动力。这些因素共同推动本科层次职业教育朝着更加专业化和多元化的方向发展。

(一)经济发展转型与产业结构升级

21世纪初以来,中国经济快速增长,社会结构和人才需求经历了显著变革。2003年,中国国内生产总值(GDP)首次突破1万亿元人民币大关,达到135822.76亿元,人均GDP为10541.97元。仅仅9年后的2012年,GDP飙升至519470.1亿元,人均GDP达到38459.47元,分别是2003年的3.82倍和3.65倍。

随着经济的快速发展,中国的产业结构经历了重大转变。传统的一、二产业比重下降,而第三产业迅速崛起,成为主导产业。到2012年,第三产业的增加值达到231934.48亿元,占GDP的比重高达45.6%。此外,技术进步逐渐成为推动经济增长的核心力量,尤其是移动互联网、人工智能、基因工程和3D打印等领域的技术革新,对全球经济格局产生了深远影响。

在这种背景下,社会对高层次技术应用型人才的需求迅速增加。新兴领域如新能源、生物技术等高技术产业急需专业技术人才。副部长鲁昕曾指出,实现中国经济的升级,关键在于拥有与之相适应的升级版劳动力结构。这需要一个数量充足、结构合理、技术精湛的技能型人才队伍,以支持经济的转型和产业结构的优化升级。

然而,中国当前的人才供应与需求存在不匹配问题,高等教育供给相对过剩,而高层次技术应用型人才尚未得到充分满足,这限制了社会经济的转型发展。根据中国人力资源市场的统计,中、高级技能人员及高级专业人员的市场需求依旧存在较大缺口。在电信和电子信息产业中,高端人才比例极低,远低于发达国家的水平。

---

① [法]爱弥尔·涂尔干. 教育思想的演进[M]. 李康译. 上海:上海人民出版社,2003:231.

为应对这些挑战，本科层次职业教育显得尤为关键。它不仅为知识密集型和技术密集型企业培养合格的人才，而且促进了科技成果快速转化为实际生产力。高新技术产业的发展要求从业者具备高级的技能和理论知识，以适应不断变化的技术和市场需求。

本科层次职业教育是高等教育体系中的重要组成部分。它通过提供广泛的专业知识和实践技能，为学生的职业发展和技术创新打下坚实基础。随着社会经济的持续发展，对高级技术应用型人才的需求将不断扩大，本科层次职业教育的重要性将日益凸显，成为支持国家经济和社会进步的关键力量。

（二）传统文化观念转变

随着经济全球化的加深，文化全球化日益增强。在这一背景下，世界各国文化相互交织，进行广泛的交流和融合，使各种文化特色得以在全球范围内传播和共享。全球化不仅带来文化交流的机遇，也对中国的传统文化和教育发展提出了新的挑战和要求。中国特色的文化发展道路对本科层次职业教育提出了新的要求，在学习国际职业教育的先进经验时，需要结合中国实际，不断创新，提出符合国家发展需求的政策建议。

社会经济的持续进步使职业教育的重要性日益凸显，公众对教育的看法也逐渐发生变化，从传统的"重普教轻职教""重学历轻能力"观念转变为更加重视职业发展和个人能力提升。这种观念的转变虽然需要时间，但是在政府的引导和社会各界的共同努力下，正逐步实现。尽管大多数学生仍倾向于选择普通高等教育，但越来越多的学生选择职业教育，表明公众的观念正在慢慢改变。这为本科层次职业教育的进一步发展提供了更加有利的环境，为其健康发展奠定了坚实基础。

（三）现代职业教育体系构建

2002年，我国确立了"力争在'十五'期间初步建立起适应社会主义市场经济体制的现代职业教育体系"的发展目标。2005年，《国务院关于大力推进职业教育改革与发展的决定》强调了进一步建立和完善一个适应社会主义市场经济体制、满足终身学习需求、与市场需求和劳动就业紧密结合的现代职业教育体系。这一体系应校企合作、工学结合，具有灵活开放、自主发展的特点，并且具有中国特色。

由于中国的教育管理体制、经济发展水平及社会文化认识的限制，我国职业教育主要局限于专科层次。这导致了职业教育体系的不完整，限制了社会经济的发展和人才成长通道。因此，2010年《国家中长期教育改革和发展规划纲要（2010—2020年）》提出到2020年形成一个适应经济发展方式转变和产业结构调整要求的现代职业教育体系，以满足人民群众接受职业教育的需求，以及经济社会对高素质劳动者和技能型人才的需要。

2011年，《国民经济和社会发展第十二个五年规划纲要》的发布，标志着未来五年我国将围绕加快转变经济发展方式，促进经济结构、产业结构和城乡区域结构的调整。劳动者整体素质的提高被视为实现这些转变的关键支撑。职业教育作为培养技能型人才的主要平台，被赋予了实现"十二五"转方式、调结构、促升级的重要任务。

2012年的全国教育工作会议指出，中等职业教育与职业教育的协调发展是现代职业教育体系构建的重点。会议强调要促进中等职业教育和职业教育的有效衔接，推动它们的协调发展。

2014年，教育部和国家发展改革委等部门共同发布了《现代职业教育体系建设规划（2014—2020年）》，明确提出到2020年建成一个适应发展需求、产教深度融合、中职高职衔接、职业教育与普通教育相互沟通的现代职业教育体系，体现终身教育理念，具有中国特色、世界水平。同年，国务院发布《国务院关于深化考试招生制度改革的实施意见》，提出实施分类高考，整体设计从基础教育到高等教育的考试招生制度改革，促进不同教育类型之间的衔接和沟通。

至此，我国现代职业教育体系的建设工作正在稳步推进，从中央到地方，从理论到实践，共同构建一个层次结构完整、中等和职业教育协调发展的体系。这为本科层次职业教育提供了发展的机遇。本科层次职业教育作为职业教育体系的一个重要组成部分，其发展是系统发展的内部需求。同时，现代职业教育体系的构建也为本科层次职业教育提出了新的发展要求，它需要与中等职业教育、专科层次职业教育有效衔接，并与普通教育实现互通，共同推动现代职业教育体系整体功能的实现。

（四）高等教育结构调整

自1999年高等教育扩招起，我国高等教育规模迅速增长，超过美国，成为世界上最大的高等教育国家。1999年，我国的高等教育招生人数为154.8万，高等院校数量为1071所，而到了2013年，招生人数已增至699.8万，院校数增至2491所。这一扩张带来了广泛的影响，推动了我国高等教育全面进入大众化阶段，部分地区甚至达到普及化。在这一过程中，我国培养了大量高素质人才，并取得了许多世界先进水平的研究成果，极大推动了国家的社会经济发展和科技进步。

如何从一个"教育大国"转变为"教育强国"，提升高等教育的整体质量，依然是我国高等教育面临的主要挑战。高等教育的发展不仅需要数量上的扩张，更应注重质量的提升。这种质量提升涉及教育观念、功能、目标、模式以及教学和管理方法的全面转变。

高等教育的快速扩张也带来了一系列问题，如教育资源的投入未能跟上扩张的速度，资源配置通常基于行政级别和办学规模而非教育质量。许多本科高校追求形式上的"大而全"，努力提升行政级别，争夺更高层次的研究点和学术资源。与此同时，专科职业院校也努力追求升级为更高层次的教育机构。这种同质化趋势导致教育资源的浪费和高校特色的缺失，影响了高等教育的健康发展。

本科层次职业教育作为一种跨界性的教育形式，其开放和灵活的办学特点吸纳了广泛的行业和企业资源，为高等教育注入了新的活力。调整和优化高等教育结构，发展本科层次职业教育，不仅是应对教育同质化的策略，也是满足市场对高级技能人才需求的重要途径。

面对高等教育大众化的趋势，人们对教育的需求已从单一的文凭获取转向多样化的职业发展和能力提升。例如，江苏建筑职业技术学院的"插班生"人数逐年增加，这反映了人们对传统教育路径的逐渐变化。高等教育的发展应更加注重满足不同类型、不同层次、不同年龄群体的教育需求，这是实现终身教育和以人为本教育理念的关键。

综上所述，调整和优化高等教育结构，发展本科层次职业教育，是适应国家和区域经济社会发展需求的重要任务，也是优化高等教育资源配置、提升教育质量的必要举措。

二、本科层次职业教育的探索

为满足社会发展的需求，国家提出要发展本科层次职业教育，并在全国各地积极进行试点探索。但本科层次职业教育的发展尚未真正起步，探索中还存在许多问题和争议。

（一）专科职业院校试办本科专业

为应对社会发展需求，国家积极推动本科层次职业教育的发展，进行了广泛的试点探索。然而，本科层次职业教育尚未完全展开，探索过程中仍面临诸多问题和争议。

在专科职业院校试办本科专业的背景下，国家早已开始对本科层次职业教育进行实际探索。但受到"专升本"政策的影响，这一探索过程经历了多次调整与波折。

1. 1999—2005 年，"专升本"政策逐步放开

1998 年 12 月 24 日，《面向 21 世纪教育振兴行动计划》首次提出了改革高等专科学校和职业大学的政策，允许职业院校毕业生通过考试进入更高层次的教育阶段。1999 年 6 月，中共中央、国务院发布《关于深化教育改革全面推进素质教育的决定》，明确提出扩大高中阶段教育和高等教育规模，为职业学院毕业生提供进入本科高等学校深造的机会。这些措施体现了国家对高等教育大众化的支持。据统计，在 1998—2003 年，全国新增的 114 所本科院校大多数来源于"专升本"，许多职业院校被整合并升级为普通本科院校。

这段时期，各地区对"专升本"政策反应热烈，职业院校学生"专升本"的比例显著提升。然而，这些升级为本科的院校多数未能承接本科层次的职业教育任务，而是转变为普通本科教育模式，主要面向普通高中毕业生招生，未能与中等和专科层次的职业教育有效衔接。

这种转变导致专科职业院校的一部分优秀毕业生通过考试进入更高层次的学术教育，从而面临学习适应的困难和挑战。此外，由于教育类型的改变，原有的职业教育资源被转移，这不仅造成了优秀职业教育资源的流失，也未能有效满足社会对高层次技术应用型人才的需求。

2. 2006 至今，"专升本"政策收紧

在高等教育大规模扩张的背景下，随着高等教育招生规模的快速扩大，学校的办学条件恶化，教育质量下降，就业形势日益严峻。为解决这些问题并确保高等教育的健康发展，国家及时调整了相关政策，由单纯追求教育规模的扩张转向教育规模与教育质量并重。

随着这一政策方向的转变,"专升本"政策经历了重要的调整。这一变化背后是对职业教育资源流失严重的担忧,特别是当专科职业院校升格为本科院校之后,往往转向提供普通高等教育,丧失了职业教育的特色。为此,2004年6月,教育部及其他七个部门发布《关于进一步加强职业教育工作的若干意见》,决定在2007年前加强现有的职业教育资源,禁止专科层次职业院校升格为本科院校,确保职业教育的特色与质量得到保持。

2005年,国务院再次发布《国务院关于大力发展职业教育的决定》,提出在2010年前,原则上不再允许专科层次的职业院校升格为本科院校。2006年,教育部和发展改革委发出通知,严格控制普通高等教育专升本的招生规模,将其纳入国家普通本科总规模的管理中,而985和211工程的重点院校不得举办专升本教育,以避免资源的进一步分散。

2011年,教育部在《教育部关于"十二五"期间高等学校设置工作的意见》中重申,专科职业学校原则上不升级为本科院校,不与本科学校合并。2014年,国务院发布《国务院关于加快发展现代职业教育的决定》,再次强调不应升级或合并专科高等职业院校为本科高等学校。

这些政策的实施,尽管从一定程度上保护了职业教育资源,但同时限制了职业教育毕业生向更高教育层次发展的机会。这与终身教育的理念相悖,限制了职业教育的发展潜力,加剧了职业教育在教育体系中的边缘化。

这种政策导向造成我国职业教育仅限于专科层次的"断头教育",严重阻碍了人才的持续成长和职业教育的系统发展。例如,深圳职业技术学院在2001年开始试办本科专业,但在2008年因政策调整被迫停止。这种政策的不稳定性给职业教育发展带来了负面影响。

(二) 大力构建现代职业教育体系背景下的探索

在国家推动现代职业教育体系建设的背景下,各地区依托《国家中长期教育改革和发展规划纲要2010—2020年》的指导精神,开展了多样化的实验与探索,以建立一个全面的现代职业教育体系,并确保职业教育毕业生有顺畅的升学通道。这些尝试主要包括以下方面。

第一,专科职业院校与普通本科高校联合培养。在此模式下,专科职业院校负责人才的具体培养工作，本科高校则负责学生的招生与学籍管理。学生在完成所需的课程与实践后，由本科高校颁发相应的学士学位和毕业证书。例如，深圳职业技术学院与深圳大学的合作项目便是此类模式的典范，两校合作提供了电子信息工程等专业，采取的是分段培养的方法，最终由深圳大学颁发毕业证书和学位。

第二，对口贯通分段培养。在这一模式下，普通本科院校直接面向专科职业院校的特定专业进行招生，负责学生的完整培养过程。如山东省政府推广的模式，旨在增加职业院校学生进入本科学习的机会，提供多样化的"3+4"或"3+2"教育路径，允许职业院校学生顺畅升学至本科层次。

第三，专科职业院校联合开展四年制本科专业试点。部分省市从本地专科职业院校中挑选出办学实力较强的学校，共同确定专业方向和人才培养计划，实施四年制的本科级职业教育。例如，天津市已在海河教育园区启动了此类试点，通过中德职业技术学院与其他专科院校合作，共同培养本科层次的职业技术人才。

第四，三方合作培养模式。由专科职业院校、本科院校和相关企业共同参与的人才培养，三方签订合作协议，确立联合培养机制。这一模式允许企业深度参与教育过程，为学生提供实习和实践的机会，毕业时学生不仅获得学历证书，还能获得相应的职业资格证书。四川省已开始实施类似的试点项目。

这些探索活动展示了地方政府和教育机构在推动职业教育现代化和高等教育多样化方面的积极尝试，旨在为职业教育毕业生提供更广阔的发展道路和更高层次的教育机会。

（三）试点探索中存在的问题与障碍

由于当前我国本科层次职业教育的试点主要局限于省级层面，并且多数项目仍在筹备阶段，这导致相关经验尚未形成，也没有在全国范围内广泛推广。通过实地调研和网上搜集资料，笔者对一些省市的试点情况进行了基本的整理和分析。在这一过程中，笔者也注意到了当前探索中存在的一些问题和潜在隐患。

第一，联合培养的表面化问题。虽然理论上联合培养模式旨在整合高等教育资源，连接中等职业教育和专科层次教育，以实现本科层次职业教育的有效人才培养，但实际操作中，普通本科院校与专科职业院校之间的合作往往停留在表面。例如，从深圳大学和深圳职业技术学院联合培养项目的案例可以看出，尽管该项目的招生对象是普通高中毕业生，并且实施单独管理，但颁发的毕业证书上标有"高职本科"的字样。这在一定程度上凸显了职业教育的劣势地位，不利于提升职业教育的吸引力。此外，人才培养的整个过程没有有效利用本科院校的优势资源，也未实现教育资源的有效整合，可能导致教育质量无法保障，出现责任推诿的现象。

第二，分段培养的验证问题。一些省市实施分段培养试点探索，以便为职业教育学生提供升学通道。这种措施与20世纪末的"专升本"热潮相似，可能导致职业教育资源再次流失。职业教育毕业生虽然可以进入普通本科院校学习，但是否接受的是本科层次的职业教育还需要进一步验证。此外，中等和专科职业院校可能在追求升学导向的同时，失去自己的办学特色和定位，尤其在对口专业人才培养上可能不能满足市场对高技能人才的需求。

第三，试点探索的实施障碍。试点项目的实施面临多种挑战，涉及招生、培养、毕业和就业等多个环节。例如，专科职业院校缺乏招生权和学位授予权，涉及高校、企业等办学主体间的合作关系难以协调，且合作机制尚未建立，存在许多体制性缺陷。

这些问题和挑战表明，虽然国家在推动构建现代职业教育体系方面取得了一定进展，但实际操作中还需要解决许多实质性问题，以确保这些探索能够有效推动职业教育的长远发展。

三、地方本科高校转型情况

为了优化高等教育结构并培育有特色的高等教育机构，国家鼓励和指导部分地方本科高校向应用技术大学转型，专注于本科层次职业教育，以培养高层次技术应用型人才。尽管国家层面对此进行了大力推动，且地方政府积极响应，整体转型的进展仍面临挑战，高等教育与职业教育界对此反响不一。

（一）政府政策与指导文件

《国家中长期教育改革和发展规划纲要2010—2020年》强调了优化高等教育结构的重要性，倡导通过政策指导和资源配置来激励高校发展特色和创造一流成就，为地方本科高校的转型提供政策支持。教育部在2014年的工作要点中提出，制定关于地方本科高校转型发展的指导意见，并启动国家和省级改革试点，促进部分本科高校向应用技术类型高校转型。

2014年3月，教育部在北京召开全国职业教育与继续教育工作会议，再次强调推动地方本科高校转型的重要性，并邀请6所本科高校参与会议。会上强调，通过研究欧洲实体经济和现代职业教育体系的模式，明确了国内本科高校转型为本科层次职业教育的主要路径，并召开了省级教育行政部门的通气会，要求上海、山东、江苏、天津等地的本科高校全面向应用技术学校转型。

2014年5月，国务院发布《国务院关于加快发展现代职业教育的决定》。该文件明确了通过试点和示范引领等方法，促进普通本科高校向应用技术型高校转型，特别是在独立学院转设为独立设置高等学校时，鼓励其定位为应用技术类型高等学校。文件还提出建立高等学校分类体系，实行分类管理，并优化招生和资金投入政策，以偏向支持应用技术类型高等学校。

教育部在2014年6月发布的《现代职业教育体系建设规划（2014—2020年）》，提出在确保现有专科职业院校质量的基础上，发展应用技术类型高校，扩大本科层次职业教育规模，构建从中职、专科到本科及专业学位研究生的完整培养体系，拓宽职业教育毕业生的进修通道，满足社会对各层次技术技能人才的需求。

通过这些政策和会议的推动，国家不断强化对地方本科高校转型为应用技术型高校的指导和支持，以确保职业教育的发展与社会经济需求相匹配。

（二）社会组织活动

在教育部的支持下，2013年6月，天津职业技术师范大学和黄淮学院等35所地方本科高校发起成立了"应用技术大学（学院）联盟"，并在天津职业技术师范大学设立了"地方本科高校转型发展研究中心"。这个联盟的目标是支持成员高校以应用技术大学为发展方向，推动我国应用技术大学的建设和发展。作为一个跨校合作平台，联盟促进成员间的合作与交流，与社会各界建立产教融合和协同创新的机制，从而更好地服务于区域经济发展，并为其他高校的转型提供经验与参考，促进高等教育的分类管理和现代职业教育体系的完善。联盟和中心积极参与国家和地区的经济发展战略，针对高校转型的基础性、全局性和综合性问题开展研究，提供政策建议，开展咨询和培训等社会服务活动。

此外，产教融合发展战略国际论坛由教育部倡议创建，并由应用技术大学联盟和中国教育国际交流协会联合有关地方政府与社会组织共同主办，教育部和河南省政府提供支持。该论坛致力于建立国际教育合作与交流的平台，每年在河南省驻马店市举行，由当地政府和黄淮学院承办，并根据需要设立分论坛，由其他院校主办。该论坛旨在推动中国高等教育改革和产教融合的发展，促进校企合作。

首届产教融合发展战略国际论坛在2014年4月25日于河南省驻马店市开幕，会上178所高校发表了《驻马店共识》，表明他们愿意成为推动普通本科高校向应用技术型高校转型的积极探索者和实践者。2014年12月，第一届产教融合发展战略国际论坛秋季分论坛在宁波开幕，主题聚焦于"服务创新驱动发展，促进校企深度合作"，吸引了500余名来自政府机构、企业、高校的代表参与。时任教育部副部长鲁昕在论坛上强调，引导高校转型是国务院的战略部署，是教育改革的重大任务，需以"十年磨一剑"的精神，稳妥推进这一改革。

第二届产教融合发展战略国际论坛计划于2015年4月15日至16日在驻马店举行，主题为"拥抱变革，创造价值——应用技术大学的使命与挑战"，旨在进一步探讨应用技术大学在教育改革中的角色和面临的挑战。

（三）地方落实情况

为了实现国家对地方本科高校向应用技术型高校转型的政策目标，各省积极开展相关工作，制定措施和政策，以促进本省本科高校的转型发展。例如，山东省和河南省都设立了专项资金支持高校转型。广东省通过"示范性应用型本科高校建设工程"项目来推动高校转型。重庆市建立了省级地方高校转型发展联盟。河北省具体选定了若干所学校作为本科高校转型的试点。

河北省教育厅在2014年发布了《河北省教育厅关于遴选本科高校转型发展试点学校的通知》（冀教发〔2014〕43号），旨在明确试点学校的选定条件和程序，并制定了到2020年建成5~7所示范高校的目标。湖北省教育厅也发布了《关于在省属本科高校中开展转型发展试点工作的通知》，计划在4年内建设一批办学水平高、特色鲜明的本科高校。江西省选定了景德镇陶瓷学院等10所高校作为转型发展的试点。

在院校层面，多所地方本科高校正在积极转型为应用技术大学，如重庆科技学院、黑龙江工程学院、黄淮学院等，这些高校已经开始深入探索和实践，逐步发展出自己的特色。例如，安康学院通过《安康日报·科技周刊》连续报道了其转型探索的经验。此外，《中国教育报》在2014年4月的报道中详细介绍了黄淮学院转型的经验。

同时，有些高校制订了具体专业或专业群的转型方案，如上海商学院的电子商务专业、广西科技大学的车辆工程专业集群等，这些方案都被详细介绍在《普通本科高等学校转型发展资料汇编（第四期）》中。虽然许多地方本科高校已经开始了积极的转型探索，但到目前为止，尚未有一所高校被国家正式认定为应用技术大学。

（四）转型工作中存在的争议与误区

2014年，国家积极推动地方本科高校向应用技术型高校转型，大力实施相关政策和组织工作，为这一转型发展打下坚实基础。然而，转型工作中存在一些争议和误区，需要及时引导和厘清，以避免潜在问题。

首先，教育系统内部对转型的认识不统一。教育部的两个司局，高等教育司（高教司）和职业教育与成人教育司（职成司），对转型的积极性存在明显差异，后者更为积极。一些人认为，许多地方本科高校已经具备应用型本科的特质，不需转型。但更多的意见认为转型迫切必要，以符合社会发展需求。尽管国家和地方政府重视转型，多数地方本科高校仍持观望态度，担忧转型后的职业教育难以吸引学生，担忧资源获取困难和社会偏见等问题。

其次，部分地方本科高校转型基础薄弱。这些高校多为1999年后通过合并升格形成的新本科院校，内涵发展不足。这些院校面临办学定位趋同、专业设置重复、师资结构不合理等问题，严重影响了其转型的质量和效果。例如，河北省的129所普通高校中，新建本科院校和独立学院存在严重的学科和专业设置趋同现象，专业结构不合理，且文科类专业设置过剩。

再次，地方本科高校在转型发展中面临的经费短缺和产学合作积极性低也是主要障碍。院校依赖内部资源，缺乏对外合作的动力和能力，且资源配置不合理。例如，河北省新建本科院校在学科设置上过度依赖文学专业，导致专业结构失衡，资源浪费严重。

最后，社会上对地方本科高校转型存在误区。一些人错误地将转型视为行政命令而非市场需求的反应，认为转型等同于办学水平的倒退或仅限于工科专业。实际上，应用技术型高校的范围广泛，涵盖多种学科，不应局限于特定领域。

地方本科高校转型发展面临的挑战需通过政策支持、资源合理配置和教育质量提升来克服。这需要政府、社会和高校共同努力，确保转型成功，满足市场对高层次技术应用型人才的需求。

四、阻碍本科层次职业教育探索的根源性剖析

中国的本科层次职业教育尚未全面发展起来，面临诸多问题和争议。深层次的原因主要涉及传统观念的影响、制度环境以及社会地位和经济待遇的差异。

（一）传统观念对本科层次职业教育的影响显著

这些观念具有强大的历史惯性，深刻影响着人们对教育的认识和选择。由于本科层次职业教育是一个相对较新的领域，缺乏足够的信息和经验供人们了解和接受，其受到的传统观念制约尤为明显。这种影响不仅表现在广大社会大众中，也体现在教育决策者和实践者身上。教育观念的转变和制度改革是相辅相成的，观念在很大程度上决定着具体的行为模式，从而影响制度改革的成效。

在现有的教育体系中，职业教育常常被视为非主流，这导致职业院校在政策制定、经费支持等方面通常处于不利地位。高校尝试摆脱"职业教育"标签，转而向"学术型"大学靠拢，这种趋势减弱了职业教育的特色和影响力。此外，学生和家长在教育选择上也存在偏见，更倾向于选择普通高中和大学，而非职业院校，即便意味着要面临更大的升学压力和竞争。

职业教育的弱势地位还体现在社会地位和经济待遇的差异上。职业院校的毕业生通常被认为是直接进入劳动市场，缺乏进一步升学和提升个人价值的机会。这种现象背后隐藏的是更深层次的社会和经济结构问题，如待遇差异、职称晋升机会不均等。

在教育行政管理层面，对本科层次职业教育的态度也存在分歧。一些教育行政部门对这一教育形式持支持态度，而另一些部门则持保留意见。这种分歧延伸至高校层面。许多本科高校在面对转型为应用技术大学的政策时，表现出犹豫和抵触情绪。一些高校认为自己已在向应用型转变，而另一些高校因担心失去已有的学术地位而不愿转型。

综上所述，要推动本科层次职业教育的健康发展，需要从国家到地方层面进行广泛的观念更新和政策支持，建立更加开放和包容的教育环境，以适应社会和经济发展的需求。

（二）顶层设计的滞后

本科层次职业教育的发展面临着顶层设计的滞后问题，这不仅关乎高等教育的变革，也涉及职业教育体系的改革。尽管国家已经提出了发展本科层次职业教育的目标，但具体的发展方向和政策仍然不够明确，导致相关政策制度的缺失。

目前，我国的本科层次职业教育更多是在实践推动下发展，而顶层的系统设计尚未跟上。这种情况导致教育政策的反复和多变，使教育界难以形成统一的思想和行动方向。例如，政府先是支持专科职业院校通过合并升格为本科，后来又限制这种升格；先是允许职业院校学生通过考核进入本科院校继续深造，随后又对这种升学渠道设置限制。这种政策的不稳定性增加了教育界的困惑，影响了本科层次职业教育的健康发展。

此外，在本科层次职业教育的具体实施路径和地方本科院校向应用技术大学的转型方面存在广泛争议。这种分歧在学术界尤为明显，涉及职业教育与高等教育的不同立场、专科职业院校升本的争议以及地方本科高校是否应转型的问题。

因此，明确本科层次职业教育的发展定位和方向，加强顶层设计，统一各方认识，成为推动这一教育层次顺利发展的首要任务。通过完善政策制度和明确发展目标，可以为本科层次职业教育的健康发展提供坚实的基础和明确的指引。

（三）保障政策的缺乏

本科层次职业教育的顺利实施依赖于一系列完善的政策和制度。然而，目前各地在开展本科层次职业教育的试点探索时，面临政策制度不完善的挑战，这逐渐成为限制其发展的主要因素。制度的健全与否直接影响教育的发展速度和方向。

在法律方面，发达国家和地区对本科层次职业教育有完善的法律体系作为保障。相比之下，我国在本科层次职业教育的法律地位、应用技术大学与普通本科院校的法律平等地位、专科职业院校的本科学位授予权等方面尚未明确，还存在法律规范的缺失。

在管理方面，国家的管理体制还未完全适应教育发展的需求。地方本科高校大多为公办，其管理和办学体制受政府决定性影响，这导致高校管理僵化、办学模式落后。2011年教育部的院校管理体制调整并未针对应用技术类型院校做出调整，这影响了高校的自主发展和办学特色的形成。

在资金投入方面，本科层次职业教育需要较大的投入，用于建设实训基地和仿真实验室等。然而，国家投入不足、社会投资渠道单一以及地方本科高校自身的倦怠态度，导致这些院校的办学资金严重不足，无法满足人才培养的实际需求。

在办学机制方面，应有更多的跨界思维和行业企业参与。当前，本科层次职业教育缺乏有效的合作办学机制，行业企业参与职业教育的积极性不高，缺乏充分的政策和法规支持。调查显示，许多高校和企业间缺乏合作，同时职业资格证书与学历证书之间缺乏对应关系，影响了职业教育的效果和社会认可度。

在招生制度方面，虽然提出了分类高考，但本科层次职业教育的生源依然依赖普通高中毕业生通过统一高考进行招生，未能有效吸引职业教育背景的学生，影响了教育质量和职业院校学生的成长机会。

在师资和教育评估方面，缺乏有效的师资准入和管理机制，教师与企业技术人员的双向流动机制不足，外部行政评估过于单一，缺乏科学性和系统性，未能有效促进教育质量的提升。

总体来看，我国本科层次职业教育的发展受到多方面制度性障碍的制约，需要从顶层设计进行改革，以确保政策的连贯性和实施的有效性，进而推动职业教育体系的健康发展。

第三节 本科职业教育规划

在我国本科层次职业教育发展的早期阶段，进行深入的规划和布局显得尤为关键。这不仅是对未来发展方向的明确，也是确保教育改革步伐稳健的前提。基于之前的研究成果，本节旨在提出一套全面的发展规划，包括发展原则、理论依据、发展目标、发展模式以及发展路径，为本科层次职业教育的系统发展奠定坚实基础。

一、本科层次职业教育的发展原则

（一）本科层次职业教育的发展原则

发展是一个动态的过程，以不断适应变化的外部环境。本科层次职业教育作为高等教育和现代职业教育系统的重要组成部分，其发展规划需要考虑与这些系统内外的联系，确保其作为教育系统的一部分能有效促进社会发展。因此，本科层次职业教育的发展原则应基于当前教育的内在需求和发展环境。我国本科层次职业教育应遵循以下原则。

1. 遵循教育规律

本科层次职业教育的发展应当遵循高等教育和职业教育的基本规律，以适应技术发展对人才的层次要求。随着科技的快速进步，特别是在新兴科技领域，对复合型、技术型人才的需求日益增长。因此，职业教育需要通过课程和教学方法的创新，提升教育质量，满足社会对高技能人才的需求。此外，本科层次职业教育应倡导跨界思维，通过与行业企业的合作，实现资源共享和知识交流，构建开放互利的教育模式，从而形成合作办学和育人的良性机制，为学生提供实际操作与实际应用相结合的学习环境。

2. 适应社会发展

本科层次职业教育的规划与实施应当充分考虑到中国各地区在经济和产业发展上的差异。东部地区由于其发达的经济和较高的科技水平，对高层次技术人才的需求更加紧迫，特别是在信息技术、金融服务等现代服务业和高新技术产业中。因此，教育资源配置应重点考虑这些地区的特定需求，发展与地方产业紧密相关的专业。相反，中西部地区可能更注重基础设施建设和传统产业的升级，因此对技能型人才的需求有所不同。教育部门需依据各地经济特点和产业结构来定制教育内容和专业方向，确保教育资源的优化配置和有效利用。

3. 面向市场需求

市场需求是本科层次职业教育发展的原动力。随着中国经济的转型升级，市场对技术应用型人才的需求不断增长。职业教育应以市场和社会需求为导向，不断调整和优化教育结构和课程体系。这包括更新教学内容、改进教学方法和增强教学实践活动，使教育更加贴近实际工作需求。同时，教育机构应与行业企业合作，共同开发满足未来市场需求的新专业和课程，为学生提供必要的职业技能和理论知识，增强其就业竞争力。

4. 服务经济发展

本科层次职业教育的核心目的在于服务经济社会的发展需求。教育不仅是提升个人知识和技能的途径，而且是推动社会经济发展的重要力量。职业教育应紧密结合国家的经济战略，特别是在新兴产业和高技术产业领域，通过培养应用型人才来支撑产业升级和技术创新。同时，职业教育还应关注社会服务和地方经济的需要，通过定制课程和专业，帮助地区经济发展解决实际问题，为经济发展培养急需的技术和管理人才。

遵循这些原则，本科层次职业教育的发展应具备适应性、多样性和先进性，满足经济和社会发展的需要，同时为职业教育学生提供广阔的成长空间和更多的职业机会。

（二）本科层次职业教育发展的理论依据

1. 终身教育理念

终身教育的理念在中国传统文化中有其深厚的根基，体现在"活到老，学到老"的古训中。孔子提倡的"有教无类"，强调教育应面向所有人，不分年龄和阶层。韩愈在《答李翊书》中提出，学习和实践应贯穿个人的一生。这些思想都预示了终身教育的早期理念。在西方，终身教育理念的现代表述始于1919年，由英国成人教育委员会主席A.L.史密斯（A.L.Smith）在《1919报告书》中首次系统提出，这是终身教育理念在西方的兴起和发展的重要转折点。

终身教育作为一种全面的教育理念，是在1965年由法国教育思想家保罗·朗格朗（Paul Lengrand）在联合国教科文组织的成人教育会议上首次明确提出。朗格朗在其1970年的著作《终身教育引论》中阐述，终身教育涵盖教育的所有方面，从个人出生到生命结束，强调教育阶段之间的有机联系。1972年，联合国教科文组织进一步通过《学会生存：教育的今天和明天》报告，强调终身教育应成为全球教育政策的主导思想。

1999年在韩国汉城（现为首尔）举行的第二届国际技术与职业教育大会上，终身教育与职业教育的结合被明确提出，确定职业教育是终身教育的重要组成部分。这标志着职业教育的发展趋势与终身教育的目标相适应，体现在适应技术进步和市场需求的不断更新中。

终身教育理念对中国教育政策产生深远影响，促使教育设计越来越注重以人为本，系统化发展。在中国，为适应这一理念，教育政策不断推动实现教育的全面和无缝链接，超越时间和空间的限制，确保人们能随时随地接受所需教育。本科层次职业教育在这一背景下，作为终身教育体系的关键环节，需针对不同年龄、不同背景的学习者提供多样化的教育方案，满足广泛而多样的学习需求，强化职业教育的服务能力，使其更好地融入终身教育体系。

终身教育理念的深入贯彻，需要本科层次职业教育在设计和实施中考虑到个体的持续发展需求和教育的系统性协调，以实现教育的最大效用和社会价值。

2. 复杂适应系统理论

复杂适应系统（Complex Adaptive System，简称 CAS）是美国学者约翰·霍兰在 1994 年首次详细定义的概念。在《隐秩序：适应性造就复杂性》中，约翰·霍兰描述复杂适应系统为一个由能够相互作用并根据经验调整行为规则的独立主体组成的动态系统。这一系统的核心特性是适应性，即系统内的各个主体能够根据外部环境的变化自我调整和进化，从而使整个系统能够在变化中维持结构和功能的稳定性。

在高等教育领域，复杂适应系统理论提供了一种理解教育系统内部动态的框架。高等教育系统本身就是一个复杂适应系统，它包括不同层次的教育机构、学科专业、教师和学生群体等多种主体。这些主体在教育系统内部不断地相互作用，互为环境，通过不断的交流和反馈机制促使系统逐步演化。本科层次职业教育作为高等教育系统的一部分，其发展必须适应外部环境的变化，积极寻求与其他教育层次和教育形式的合作与交流，以实现最大化的发展和适应。

本科层次职业教育在实际操作中，应充分利用复杂适应系统的理论框架，强调系统的适应性和发展性。这意味着本科层次职业教育需要不断调整其课程设置、教学方法和专业发展方向，以更好地适应经济市场和技术进步的需求。同时，教育系统的层次性也要得到充分体现，确保本科层次职业教育既能衔接中等和专科层次教育，又能为研究生层次教育提供支撑，形成一个多层次、互补的教育结构。

在政策制定中，应用复杂适应系统理论可以帮助教育决策者更好地理解教育系统内部的动态关系和潜在变化趋势。通过考察教育系统中的相互作用和反馈机制，政策制定者可以更精确地调整教育政策，以促进教育系统的整体健康和持续发展。例如，通过增强本科层次职业教育的适应性和协调性，可以更有效地响应社会和经济的需求，提高教育系统的整体效率和效益。

总之，复杂适应系统理论为理解和推进本科层次职业教育的发展提供了一个有力的理论工具。它强调的适应性、互动性和动态性是现代教育体系发展的关键要素。

3. 需求决定理论

需求决定理论是经济学中的一个核心理论，涵盖宏观与微观两个层面。在宏观层面，需求的总量及其结构的变化对供给侧产生深远影响。无需求即无供给，过剩的需求未得到满足则激励增加生产投入和产量。这一理论同样适用于职业教育领域。随着经济转型和产业升级，市场对各级技术人才的需求发生变化，必然引起职业教育供给结构的调整。科技进步要求企业员工具备更高的知识技能和综合素质，从而推动职业教育在培养层次和质量上进行相应提升。对高层次技术应用型人才的需求增加，促使国家增强这方面人才的培养，强化本科层次职业教育的发展。

在微观层面，需求决定理论强调"消费者利益至上"。在职业教育中，教育机构和企业作为服务的提供者，应重视并满足学生、家长和用人单位等消费者的需求。本科层次职业教育作为排他性的公共产品，院校和企业不仅是教育服务的提供者，还需作为消费者的角色参与其中，应对教育内容和方式进行创新，确保教育服务与市场需求的匹配。

此外，教育供给的有效性取决于教育需求的满足程度，体现教育体制的合理性。当前中国教育供需结构的失衡无法仅通过市场机制解决，需要政府介入，确保教育供需平衡及职业教育的健康发展。

本科层次职业教育市场供需结构中，企业既是教育服务的消费者也是生产者。这种双重角色的企业与院校合作培养所需技术应用型人才，为学生提供了实践平台，推动了教育质量的提升。学生作为教育服务的直接受益者，其需求应被充分尊重和满足，以促进其全面发展。家长作为教育投资的一部分，其期望和满意度同样重要。

因此，深入分析本科层次职业教育的需求因素，对于制定教育发展规模、规划政策以及内涵建设具有重要意义。这些研究有助于确保教育活动的针对性和有效性，使教育更好地服务于社会经济发展的需求。

二、本科层次职业教育的发展目标和发展模式

（一）本科层次职业教育的发展目标

目标是在已知规律和现有条件下对未来预期结果的设想。它不仅是事物发展的方

向和推动力，还是激发积极性、聚焦重点和持续发展的关键。确立明确的目标是本科层次职业教育发展的前提，它指引教育沿设定方向前行，确保每一步均朝着既定的目的迈进，同时体现了其发展的价值和意义。

本科层次职业教育的核心目标在于培养符合社会需求的高层次技术应用型人才。这不仅回应了社会和企业的用人需求，也满足了个人发展的多样需求。此外，作为现代职业教育体系不可或缺的一部分，它的目标应与整个职业教育体系的战略目标保持一致，促进体系的完善和发展。

根据《国家中长期教育改革和发展规划纲要（2010—2020）》（简称《教育发展规划纲要》）的指导，构建完善的现代职业教育体系是未来职业教育发展的核心。本科层次职业教育应围绕这一总目标进行发展，具体包括：一是实现与中等和专科层次职业教育的有效衔接，确保各教育层次间的无缝对接，增强体系的整体功能；二是实现与普通教育的立体互通，包括与不同教育层次的衔接和横向互通，满足社会对多样化教育的需求。

作为高等教育的一个分支，本科层次职业教育应遵循高等教育的发展规律，促进教育多样化。根据《教育发展规划纲要》，我国高等教育面临的主要任务是提高教育质量和调整教育结构，以适应社会主义现代化建设的需求。本科层次职业教育的发展目标应紧密结合这些任务，通过优化教育结构和提升教育质量，改善人才供给结构，从而支持高等教育的整体进步和社会需求的满足。

（二）本科层次职业教育的发展模式

发展模式是实现教育目标的关键桥梁，为目标提供直接的服务路径。选择恰当的发展模式是确保本科层次职业教育目标得以实现的关键。要确定一个有效的发展模式，首先需要逆向工程的方法，即从现有的教育现状和问题出发，反向推导出达到预期目标的最佳路径。

观察国际案例，我们发现各国在本科层次职业教育的实施路径和模式上有着丰富的经验。英国的多技术大学从"双轨制"到"单轨制"的转变显示了其教育模式的逐步调整和完善。德国通过应用科技大学推行具有"双元制"特色的职业教育，其职业教育与普通教育享有同等地位。这些例子反映了各国本科层次职业教育在其特定政治、经济和文化背景下的独特发展模式。

在我国，职业教育受到传统观念的影响较大，普遍存在"重学历轻技能"和"重普教轻职教"的问题。尽管职业教育与经济发展关系紧密，却因历史观念而处于较低的地位。但是，随着时代的发展，职业教育开始受到前所未有的重视，成为全球范围内被视为提升国家竞争力的关键因素。中国政府已将构建现代职业教育体系上升为国家战略，标志着职业教育的战略地位被显著提升。

基于这种背景，若将本科层次职业教育与普通教育完全分开，可能会无意中加剧职业教育的边缘化，进一步弱化其地位。相反，应该寻求一种既能保持职业教育特色又能与普通教育平等竞争的模式。我国本科层次职业教育的发展应采取"纵向单轨、横向双元"的策略。

"纵向单轨"意味着在同一高等教育体系中，职业教育和普通教育应有平等的地位，它们在法律、学术和社会地位上无差别，仅在教育类型上有所区分。这种模式有助于提升职业教育的社会认可度，减少对职业教育的偏见。

"横向双元"指的是在相同的教育层次中，教育机构应根据自身定位和特色，进行合理分工，既有主攻职业教育的，也有主攻普通教育的，这有助于形成各具特色的教育模式。这种策略旨在促进教育资源的合理配置，避免院校之间的同质化竞争，同时提高高等教育的整体效益和质量。

综上所述，"纵向单轨、横向双元"的模式不仅可以削弱传统的职业教育标签，还能强化其教育特色，支持我国本科层次职业教育朝着预设目标有效前进。这一模式结合了保护职业教育特色与促进高等教育协调发展的双重目标，为本科层次职业教育的未来指明了方向。

三、本科层次职业教育的多元发展路径

在中国，区域经济的差异显著，从东部的工业化后期发达地区到西部的工业化中期欠发达地区，这种不均衡性为本科层次职业教育带来了不同的发展机遇与挑战。本科层次职业教育是社会经济发展到一定阶段的产物。由于各地经济和产业结构的差异，对高技能人才的需求各不相同。例如，东部地区因城镇化和产业高级化程度较高，对高层次技术应用型人才的需求较大，这要求职业教育的人才培养层次相对较高。西部地区由于其工业化和城镇化水平较低，专科层次的职业教育可能足以满足其经济发展的需要，本科层次职业教育的需求没那么迫切。此外，电子信息、生物科技、海洋

工程等技术先进、知识密集的高新技术产业对高层次技术应用型人才的需求尤为迫切。相反，煤炭、钢铁、纺织等传统产业由于发展比重较低，对此类人才的需求相对较低。鉴于此，本科层次职业教育的发展策略不能采用一概而论的方法，应根据区域经济和产业需求的具体情况，定制化地推进政策和发展路径，以避免区域间、产业间的政策供求失衡。

（一）依托本科教育资源

在我国，虽然本科教育的规模已经接近饱和，数量上基本能够满足社会发展的需要，但人才供给结构与市场的需求结构仍存在不匹配现象，且在质量上未能完全满足社会发展的要求。此外，部分地方本科院校在发展定位上存在不清晰和不合理的问题，导致资源的浪费和高等教育资源利用效率的降低。

因此，依托现有本科教育资源成为本科层次职业教育资源的重要发展路径之一。此举不仅可以调整和优化高等教育结构，还能促进高等院校特色的发展。在这一路径下，本书建议采取两种实施形式：一是鼓励部分地方本科院校向应用技术大学转型；二是推动重点高校开设本科职业教育专业。这些措施旨在深化教育改革，提升教育质量，以更好地适应和满足经济社会发展的需求。

1. 深化产学研合作

产学研合作是提升地方本科高校内涵建设的核心。高校需摒弃传统的依赖思维，主动寻求与企业的深度合作，实现校企合作的高级阶段。地方本科高校作为公益机构，与以利益最大化为目标的企业之间，通过产学研合作可以创造共同价值，同时推动双方目标的一致。此合作形式是提升人才培养质量的本质要求和根本途径，能提高学生的实践技能及教师的行业认知，促使教师从学科内向性转变为面向行业的外向性思维。

产学研合作的实施应涵盖联合人才培养、共同科研项目及校企共享资源等多种形式。随着合作的深入，高校能将教学、科研、社会服务有效结合，提升技术转化和社会服务能力，促进知识的积累与创新。

通过产学研合作，学生能获得理论与实践的均衡教育，满足企业的高标准用人需求，同时也满足学校的教育目标。中小企业因资源限制难以独立开展研发，高校可针对这些企业的需求提供基础科研和技术转化支持，解决实际问题，促进企业的产品升级和战略发展。此外，高校与企业的紧密合作还可以为学生提供实习机会，解决就业问题，促进学生的全面发展。

2. 本科高校的专业设置

地方本科高校的专业设置应根据区域经济发展规划而定制。不同地区的地理、产业、文化和环境特点形塑了各地本科高校的学科与专业特色。2011 年，国家发改委发布的《产业结构调整指导目录（2011 年本）》列出了鼓励、限制和淘汰类条目，指导地方本科高校依据区域经济需求和产业结构，采用细分和交叉等策略灵活设定专业，以适应不同环境的需求。专业细分是将通用的专业拆分成几个针对性强的细分专业；专业交叉则是通过双专业、主辅修等方式将不同领域或相近专业的课程组合，以满足技术人才的复合型需求。目前，我国地方本科高校的专业设置应依照产业岗位群的需求来优化专业结构，加强专业间的融合与沟通，并进行专业群统筹管理，使人才培养更具产业和行业特色。

地方本科高校的专业设置还应考虑学校自身的特色和优势。尽管区域经济可能对某一专业领域有较高需求，但高校在开设这些专业前，必须确保自身的师资、设备等基础条件满足相关要求，并通过地方政府的审批。高校应利用自身优势，与地区内其他高校保持特色上的差异化和互补，避免资源浪费，促进特色化发展。

此外，地方本科高校的专业设置应与中职和专科高职教育良好衔接。中职和专科高职教育一般针对特定职业或岗位进行专业设置。在设定专业时，本科高校应考虑这些先前教育阶段的特点，专业设置应宽泛并高度整合，避免过于细化，主要面向一定的岗位群。本科层次的某些专业应能与多个中职和高职专业衔接，增加中职和高职生的本科教育机会，扩大招生范围，促进教学的顺畅进行。

课程体系建设是专业建设的核心部分。地方本科高校在课程建设中应避免单纯追随政策导向，而应根据人才培养要求，持续优化课程内容，将课程建设视为一个持续的过程。在这一过程中，高校应通过不断的调研，充分了解企业的用人需求和产业的发展动态，及时调整人才培养目标和课程内容。课程体系应在理论与实践之间找到平衡，综合利用学科课程与实践课程的优势，形成理论与实践并重的课程体系。

此外，课程体系建设中应积极吸引行业企业参与，提供课程建设的指导和支持。积极支持企业直接参与课程建设，将企业的实际需求直接反映在课程内容上，确保教育与行业需求的紧密结合，从而提升毕业生的就业竞争力。

3. 优化教学模式

当前的技术发展日新月异，学习方式的重要性超过了所获得的知识量。地方本科高校在转型实施本科层次职业教育时，应采用职业导向的教学方法，不仅传授知识，更强调知识的实际应用和创新能力的培养。教学形式应创新多样，包括慕课（MOOCs）、翻转课堂、项目教学和仿真模拟等，以满足人才培养目标的需要。

教师和管理人员是学校的核心力量，优化师资和管理队伍是关键。地方本科高校应引进和培养具有高学历及丰富实践经验的教师，实行动态的教师管理，根据教学需求对教师进行分类管理，明确职责，并建立符合职业教育特点的考核制度。同时，培养"双师型"教师，加强师德建设，确保教师队伍能够适应职业教育的特需。管理队伍需要具备前瞻性视野和创新精神，能够领导学校适应教育转型，探索人才培养新模式，提高管理效率和决策质量。

科研模式应与教学需求和行业紧密结合，聚焦于技术开发与应用，强化与企业的合作，促进科研成果的转化。地方本科高校应通过与企业的合作，提升科研与教学的实践性和应用性，使科研活动更加贴近产业需求，同时增强学生的实践能力。

转型发展的方式包括全院校转型和二级学院的重组。地方本科高校应根据区域经济和产业需求定位，与企业需求和个人发展需求对接，培养高层次技术应用型人才。通过院校内部的资源重组，或与专科职业院校合作，实现深层次的联合培养，充分利用各自的优势资源，推动学科交叉融合和实践能力的提升。

通过整合教学、科研与实践，地方本科高校在本科层次职业教育领域能够形成特色和优势，更好地服务于地区经济发展，同时提升高校的社会声誉和教育质量。

（二）整合专科层次职业教育资源

尽管中国的本科教育规模已接近饱和，但地方本科高校由于教育理念、管理体制和人才培养等方面的局限，未能完全承担起本科层次职业教育的发展任务。与此同时，许多专科职业院校已经展现出较强的办学实力和明确的品牌特色。为了提高高等教育资源的利用效率并优化资源配置，我们应当充分利用这些优势，逐步推动本科层次职业教育的发展，以有效衔接中等和专科层次职业教育，为专科职业院校积累本科办学经验。

专科职业院校长期以来坚持就业导向和服务宗旨，紧贴市场需求，培养了大量高级技能型人才。这些院校的专业建设逐步完善，招生人数稳步增长，其办学实力和品牌效应为开设本科专业提供了坚实基础。例如，2006年国家启动的"国家示范性高等职业院校建设计划"便是一个标志性的提升职业教育水平的项目。它选定了100所专科职业院校进行重点建设，大大提升了这些院校的教学和科研能力。

这些专科职业院校已形成了自身的教学特色和品牌专业，其升格为应用技术大学或试办本科专业，将为学生提供更广阔的职业发展空间和更高的教育层次，从而增强职业教育的吸引力。此外，这些院校的师资队伍通过深入企业实践和国内外培训，能力得到了显著提升，形成了由高层管理者或业务骨干组成的兼职教师队伍，以及双专业带头人制度，这些都为本科层次职业教育提供了有力的师资支持。

考虑到当前专科职业院校的发展优势和特色，本书提出以下两种举办本科层次职业教育的方式：一是在部分专科院校试办本科专业，这种模式可以扩展学生的学习和职业发展机会；二是部分专科职业院校可以联合进行本科专业试点，通过教育园区等平台，促进院校之间的深度合作，利用各自的教育资源和特色。

此外，适当的专科职业院校可以根据地方经济发展需要和自身条件，逐步升格为单科型或多科型应用技术大学。这种转变不仅响应了地方经济和产业的人才需求，也有助于推动地方经济发展和产业升级。

总的来说，通过合理利用和整合现有的职业教育资源，特别是专科层次的优势资源，我国的本科层次职业教育将能够更有效地满足社会和经济发展的需要，同时也为专科职业院校的进一步发展积累宝贵经验。

第五章　面向职业生活的职业教育创新

第一节　职业生活的理论基础

职业生活不仅具备日常生活的基本特征，还有其独特性。目前，对于职业生活的理解并未达成一致意见。由于不同的理论起点和视角，人们对其的理解各不相同。本章以马克思的生产生活理论和许茨的工作生活理论为理论基础，试图解释职业生活的含义、层面及其特点。

一、职业生活的理论基础

（一）马克思的生产生活理论

在马克思的理论中，劳动与生产劳动同义，它们同工作一样普遍存在。马克思在《雇佣劳动与资本》中指出，不同工作岗位的工人因完成特定工作（如编织一尺麻布或排版一页印刷品）而获得不同的货币报酬，共同之处在于工资均为资本家为了支付特定时间或完成特定工作的劳动而提供的货币。

马克思将生产劳动视为生活的一种形式，认为这是一种生命活动。因此，生产劳动不仅是一种谋生手段，也是人的生命活动或生产生活的一部分。一旦生产资料与劳动者相结合，劳动将显现其本质，成为一种生活实践。

马克思的生产劳动观点可以总结为：首先，他认为人的生产过程是一种生活。生产劳动的外在性，即生产资料与劳动者的分离，一旦消除，生产劳动即展现其真实面目，体现为生活。其次，这种生产生活是一种能动的生活。马克思强调，生产活动不只是维持生存的手段，而是一类活动，是产生生活的活动，体现了人类的特性。最后，这种生产生活具有丰富内涵。马克思认为，人在进行生产活动时全身心投入，这种生活不仅包含物质资料的消耗和具体的劳动过程，还包括各种社会交往和精神生活状态，形成了丰富的生活内容。但在当时社会，工人的生产生活被压抑，缺乏自由权利和尊严，不能参与企业管理，生产活动被异化成机器的附属品。

在马克思的理论中，生产劳动特指在大机器化生产背景下的工人生产活动。在这一时期，工人须具备必要的技术技能以适应生产任务。因此，从职业角度看，这种生产劳动被视为技术技能型职业活动。根据马克思的观点，生产生活是基于技术技能型职业的一种生活方式。他对生产生活内容的讨论，不仅为定义职业生活的内涵提供了理论基础，也为我们在理论上划分职业生活的不同维度提供了指导。

（二）许茨的工作生活理论

许茨通过研究胡塞尔的现象学，提出了人在外部世界中的行为构成一种自发生活，这种生活主要表现为隐蔽行动和公开行动。工作便是这种公开行动的一部分，指通过身体运动与外部世界的互动，是基于某种预设并通过身体活动实现的行为。许茨认为，成熟的自我通过工作活动整合其过去、现在和未来，实现自身的完整性，与他人建立联系和沟通，通过工作活动组织不同的空间。工作不仅是职业行为的展现，也是个体生活体验的一部分，这种体验是实际存在的、不可通过简单回忆和反思触及的。

在马克思和许茨的论述中，他们都视工作或生产劳动不仅仅是具体行动的展现，还是一种生活方式。马克思认为生产生活展现了人的本质，涵盖了物质生产过程及其产生的社会关系、精神状态和政治状态。但在异化的劳动中，除了生产活动，其他生活方面遭受压制。许茨则认为工作生活是自发生活的一部分，包括工作行为、主体间的互动及其思想活动和社会参与等。他们认为，这种共同体生活是一个集合体，不仅包括技术和生产活动，还包括工作和生产过程中的精神活动以及形成的社会交往。

二、职业生活的内涵界定

结合马克思和许茨的理论，本书认为职业生活是职业人在其职业共同体中各种活动的总和，主要体现为技术技能型职业人在其职业共同体中的活动。这包括生产劳作、物资消耗、职业主体间的交流、思维活动以及参与职业共同体的组织与管理等。职业生活是职业人职业生涯的延展，是其职业生存的方式，也是职业人自我价值实现的过程。从时间维度看，职业生活是个体在职业旅程中的连续展开，是职业人培养道德品质并运用才智与技能实现自我价值的历程；从空间维度看，职业生活主要以职场为中心，构成涉及职业活动的场域链，表现为一种立体的展开形式。因此，职业生活是时间与空间相结合的生活方式，是职业人职业活动和体验的综合过程。具体来说，它具有五个层面的含义。第一，职业生活是建立在职业人的职业生命存在基础上的，以职业活动为依托。第二，职业生活与职业人生命意义的生成、呈现和充盈过程紧密相关，职业人在职业生活中不断寻求并展现生命的意义和价值。第三，职业生活是动态生成和发展的，是一个持续流动的状态，不是静态的。职业人在职场中将职业生活以过去、现在和未来的时间维度展开，形成一种特殊的时间流，即职业人生。第四，无论职业生活如何变化，变化的只是职业生活的情境和方式，其追求生命意义的本质是不变的。第五，职业生活的主体不仅包括个体的职业人，也包括群体的职业人，职业主体之间通过职业活动构成不同的职业关系。

三、职业生活的多元维度

根据马克思关于生产生活的理论以及许茨的工作生活论，本书探讨了职业生活的多元维度，将其划分为职业物质生活、职业劳作生活、职业交往生活、职业政治生活和职业精神生活。

（一）职业物质生活

职业物质生活指的是人们为了维持生命和身心健康所进行的基本生活活动，如饮食、住宿、衣着等。在职业环境中，这种物质生活与劳作紧密相关，保障职业人全身心投入工作。马克思认为，物质生活的满足是进行更高层次精神活动的基础。因此，职业人需要消耗一定的资源维持生命，以保证在职场中能有效完成职业活动。

（二）职业劳作生活

职业劳作生活涵盖了物质资料生产、精神产品创造和技术服务提供等方面。人类的生存和发展依赖于持续的职业劳作。物质资料生产满足人类的基本生存需求，是社会生活的基础；精神产品生产如文化、艺术和科学创新，促进社会进步和提高生活质量；技术服务则解决科研和生产中的问题，推动技术进步。职业劳作不仅让个体实现自我价值，获得劳动报酬以满足家庭需求，也为社会提供必要的物质产品和精神产品，维护社会的持续发展。

（三）职业交往生活

职业交往生活涵盖个体与个体、个体与共同体以及不同共同体之间在物质和精神层面的相互作用。马克思视交往为人类的基本存在方式，认为交往根植于物质生产，是生产活动的前提与结果。在职业领域，交往活动包括生产关系、分配关系、交换关系和消费关系等。生产关系描述了因劳作而形成的职业个体间的联系；分配关系涉及职业共同体内部的资源分配，影响劳作积极性；交换关系通过产品的交换连接不同职业主体；消费关系是职业产品流入市场的最终环节，满足社会需求。职业交往还包括利益分配、上下级关系、同事关系以及与顾客的互动。

（四）职业政治生活

职业政治生活关注职业主体在共同体中的政治参与，如行使权利、履行义务、参与决策和管理等。马克思主张超越出身、等级、职业等社会分层，促进政治生活中的平等。职业政治生活要求制定有效的管理制度，激发职业个体的主体性，提升集体的生产效率和社会声誉。职业个体应积极参与共同体的民主管理，遵守规章制度。这些集体和个体的互动构成职业政治生活的核心。

（五）职业精神生活

精神生活作为人类生活的高级形态，直接关联到人的内心世界和精神需求，是区分人与动物的关键特征。马克思认为，精神生活包括对科学和知识的追求、个人道德力量的提升，以及对生活不懈的自我要求。

职业精神生活指的是职业人在职业共同体中，为满足个人精神需求，追求职业生活意义和价值实现而展开的一系列精神活动。这包括以下方面。

第一，职业理想的确立与追求。职业人通过设定和追求职业理想，不断挑战现状，批判现实的职业生活，以达到更理想的职业状态。

第二，专业知识与技能的追求。持续更新专业知识和技术技能是职业人保持知识结构弹性、思维活跃的基础，有助于激发创新思维。

第三，职业道德的修养。职业道德是职业生活中的行为规范，关系到职业人的人格体现和职业生活的意义提升。道德不仅是自律的体现，也是职业社会化的重要部分。

第四，职业审美与文化生活的提升。职业审美涉及职业活动中审美意识、知识和能力的体现，如对美的发现、欣赏和创造。此外，参与文化娱乐活动也是精神生活的一部分。

第五，职业反思。职业反思是职业人对自身职业活动的深度思考，通过反思职业实践，职业人寻求职业生涯的终极意义和价值实现。

职业精神生活是职业生活的核心部分，它不仅提升职业人的内在品质和外在表现，还促进个体在职业领域中的全面发展。职业生活的每个维度虽相对独立，但它们相互影响、相互制约，共同构成职业人的整体生活画卷。

四、职业生活的基本特征

（一）职业生活的场域性

职业生活的场域性是其基本特征之一，揭示了职业生活不仅仅局限于个体的日常活动，而是一个涉及时间、空间、物质、人和信息等多种元素的复杂系统。按照社会学家布尔迪厄的定义，场域是由各种位置间存在的客观关系网络或配置构成的。这一概念说明了社会是由多种关系组成的"大场域"，进一步分化为各具特色的"子场域"，如经济场、政治场和科学场等。

职业生活作为一种社会活动，展现出特定的社会空间和规则。这些规则不仅定义了个体如何在职业共同体内行动，而且还影响了个体如何与这些规则互动。

强有力的场域通常具备自主性，可以将其逻辑规则强加于场域中的个体，并可能对其他场域产生影响。每个进入特定场域的人必须适应并接受其规则，例如科学场域强调真理，经济场域强调利益。

场域本质上是充满竞争的空间，个体基于其资本积累不断在场域内进行"博弈"。这种竞争性质表明场域是动态的，不断流动和变化的。

结合布尔迪厄的理论，可以看到职业生活的场域性主要指其具备特定的社会空间、关系结构和规则。职业生活是在这样的社会场域中展开的，每个职业共同体形成了独特的"子场域"，这些场域由职业生活中的活动、人际关系和规则构成。职业生活的特定社会空间通常是职场，它包括与工作相关的环境、人员和事件。进入职场的个体必须适应并接受职场的规则，这些规则可能涉及工作的执行方式、职业行为的规范等。职业生活中的特定关系包括同事间的互动、生产者与消费者的连接，以及职业个体与职业共同体之间的互动。

职业生活的场域性不仅展示了职业活动的组织和结构，还反映了职业生活在社会中的影响力和价值。职业生活的场域性表现了统一性与差异性：所有技术技能型职业活动共同构成了一个广阔的职场，而不同的职业分工则导致了不同的小职场，每个职场根据职业的特点有着不同的工作条件、技术要求和社会地位。

因此，职业生活的场域性是理解职业活动和职业人社会角色的关键，强调了职业生活在维持个体生计和社会功能中的基本作用。

（二）职业生活的意义建构性

职业生活的意义建构性是指职业活动不仅仅是日常工作的执行，还是个体在工作中追求更高意义的过程。根据许茨的理论，工作指通过身体活动与外部世界连接，具有身体性和主观性。凯兴斯泰纳强调工作是体力与脑力结合的活动，这种结合推动了人们不断追求满足自身需求和愿望的更高目标。

职业生活的意义建构体现在职业人如何通过自己的工作实现个人目标和愿望。例如，对一些职业人来说，赚钱养家是他们工作的主要意义；对另一些人来说，通过职业活动获得社会认可和个人成功是他们工作的主要动力；还有人通过职业生活实现个人价值感。

职业生活的过程受职业人的主观意识驱动。职业人在工作时不仅清楚自己的行动目标，也会选择合适的手段和技术来高效实现这些目标。这种工作过程实际上是职业人内在思想的外在表现，是他们内在思想意识的具体化。

职业生活的意义建构还体现在其目标性上。每项职业活动都是有目的的，指向特定的目标，这些目标通常是连锁的，一环扣一环。这种目标性不仅赋予职业生活方向和动力，而且在实现这些目标的过程中，不断构建新的可能性，从而使职业生活充满意义。

此外，职业生活是职业人在清醒状态下的自主选择的行为。职业人对自己的选择负责，通过辛勤工作实现自我价值，这不仅彰显了生命的意义，也推动个体和社会进入更高的生存状态。因此，职业生活的意义建构性是职业人通过工作实现自我提升和社会发展的关键动力。

（三）职业生活的技术性

职业生活的技术性意味着职业活动依赖于特定的技术技能。在职业过程中，从业者必须运用他们掌握的专业知识和技术技能来生产和创造产品，以满足社会的需求。尽管不同职业需要的技术各异，但专业技术已成为支撑职业生活的基础。例如，护士需掌握医疗服务技能，建筑工人需了解建筑设计和结构技术。

在现代社会中，特定的技术常常成为职业的代名词。例如，计算机操作员擅长使用计算机，电工则需掌握电子技术。随着技术的不断进步，新的职业持续出现，而技术落后或市场需求不足的职业可能逐渐消失。

职业生活的技术性表现在技术与人的关系以及技术与时间的关系上。职业人士需要充分利用他们的技术知识来创造和完成任务，他们的时间往往被技术工作占据。因此，可以说技术不仅是职业生活的工具，而且是构成职业生活的核心。

技术的创新本身具有特定的逻辑，是人们为适应新环境而创造的新行为模式。技术是职业人士施展力量的工具，是他们将活动和思想传达给工作对象的中介。随着社会技术的演进，新技术的出现可能导致现有职业的改变或新职业的创建。这要求职业人士持续更新其技术技能，以适应社会分工的细化和技术要求的提升。

总之，技术性是职业生活的显著特征，几乎所有职业都要求从业者掌握一定的技术技能，这些技能是他们进入和适应职业生活的关键。职业生活本质上是由多种技术集合构成，从而推动社会经济的发展和变革。

（四）职业生活的基础性

职业生活的基础性体现在为整个社会提供物质上和精神上的基础保障。在职业生活中，职业人通过工作占有劳动对象及其与世界的所有关系，实现自身的本质和职业生活的意义。工作的价值体现在创造美、物质价值和人的内在价值的统一，这也是个人价值与社会价值的统一。职业人在生产物质产品和精神产品、提供技术服务时，技术、道德、观念和意识交织在一起，共同创造必需的产品，为社会经济发展提供动力。职业生活不仅支撑社会经济的发展，也是个人获取生活资源和实现自我价值的主要途径。

职业生活的基础性还表现在职业生活对职业人整体生活的核心影响。首先,从时间维度来看,职业生活优先于其他生活活动,工作时间通常超过规定的 8 小时,影响个人的休闲和家庭时间。其次,从空间维度来看,工作地点成为职业人生活的核心区域,影响居住地选择。最后,从生活质量角度来看,职业生活提供基本物质保障,直接影响个人及其家庭的生活质量。例如,家庭的日常开支、子女教育、娱乐活动等都与职业收入密切相关。

因此,职业生活的基础性在于其对社会和个人生存及发展的贡献,职业生活的质量和社会地位直接决定个人及家庭的整体生活状况,显示职业生活在人们生活中的中心地位和重要性。

(五) 职业生活的周期性

职业生活的周期性和阶段性是现代职业生涯规划理论的核心内容。著名职业指导专家金斯伯格和心理学家萨帕通过不同的理论模型描绘了职业生活的各个发展阶段。金斯伯格将职业心理发展划分为幻想期、试探期和实现期,其中实现期进一步细分为试探阶段、具体化阶段和专门化阶段。萨帕从终身发展的视角,将职业生活分为五个时期:成长期、探索期、创立期、保持期和脱离期。

基于这些理论,本书将职业生活分为六个阶段:成长期、适应期、发展期、稳定期、衰退期和脱离期。职业生活成长期(0—22 岁)是个体从教育阶段到职业准备的关键时期,是职业潜能转化为实际能力的时期。职业生活适应期(23—30 岁)是新工作者适应职场环境的初期,个体需要稳定心态并寻找发展机会。职业生活发展期(31—45 岁)是职业技能、地位和成就提升的关键时期,个体的职业认同感增强并可能获得职业高峰。职业生活稳定期(46—55 岁)通常表现为职业满足度提高,个体倾向于保持稳定的职业状态。职业生活衰退期(56—65 岁)是个体因年龄增长而逐步减少职业活动,准备退休的阶段。职业生活脱离期(65 岁以上)是个体退休并依靠退休金生活的时期。

这些阶段说明职业生活是一个终身过程。虽然每个人的职业生活各有不同,但普遍遵循这些基本的发展阶段。这种周期性和阶段性的理解可以帮助个体更好地规划自己的职业路径,理解不同阶段的需求和挑战。

第二节 理想职业生活的素养结构

从宏观角度看,理想的职业生活体现为幸福和高效率的完美结合,是职业物质生活、职业交往生活、职业政治生活、职业劳作生活和职业精神生活的和谐整合。从微观角度看,理想的职业生活由职业人理想化的职业行为构成。这些理想化的职业行为依赖于职业人的全面职业素质。

一、人的素养与理想职业生活的关系

(一) 素养与职业生活

在现代社会中,"素养"和"素质"通常被混用,指的是人们开展某些活动所必需的基本条件,如心理素养、品格素养和技能素养等。随着经济合作与发展组织(OECD)、欧盟和美国等发达地区和组织的"核心素养"研究,"素养"一词逐渐取代了"素质",成为评估个人必备品格和关键能力的重要标准。国际上,"素养"通常对应英文中的"competency"。OECD 在其核心素养框架中定义"素养"为"在特定情境中,通过使用和动员心理社会资源(包括技能和态度),以应对复杂需求的能力"。欧盟则将其定义为"特定情境中知识、技能和态度的综合"。中国的《中国学生发展核心素养》中,将素养理解为"学生应具备的、能够适应终身发展和社会发展需要的必备品格和关键能力"。

在本书中,探讨理想职业生活所需的"素养"与一般的"素养"区别在哪里?一般的"素养"面向学生的未来学习、工作和生活挑战,而理想职业生活的"素养"更聚焦于职业领域,可以称为"职业生活素养"。美国的"21 世纪技能"研究旨在识别面对未来挑战的工作世界所需的素养。美国"21 世纪技能"框架包括"学习与创新技能""信息、媒体与技术技能""生活与职业技能"三个方面。这表明,"生活与职业技能"是框架的一部分,因为未来工作和生活之间的界限正逐渐消融。

从这一点看,理想的职业生活素养与一般的职业知识、技能不同,它更关注人在职业生活中的全面品格和能力。职业生活素养是"核心素养"的子集,需要针对职业生活的特定需求进行调整。它具有"整合性""情境性""发展性",不仅在特定职业情境中生成和适用,还可以跨职业迁移,应对多种工作环境和挑战。因此,职业生活素养是个人应对未来职业挑战、实现个人价值和为社会做出贡献的关键。

(二)素养是理想职业生活的需要

理想职业生活的构建依赖于素养的支持。在历史和时代的推移中,尤其是在后工业时代,信息技术和人工智能技术的迅猛发展带来了不确定性。在这样的背景下,唯一不变的是变化本身,这在职业生活中表现得尤为明显。工业时代强调的是标准化和线性生产,如"福特制"和"泰勒制"。然而,在不断变化的后工业时代,仅凭固定和标准化的技能很快就会被机器取代,因此,具备整合性、情境性、迁移性、时代性和发展性的素养成为应对挑战的关键。

从个人与理想职业生活的关系角度看,理想职业生活是那些具备职业生活素养的个体所从事的生活。没有这种素养,理想职业生活无法实现。理想职业生活不仅是一个现实性概念,也蕴含价值判断,意味着只有当人介入时,理想职业生活才有实现的基础。因为理想职业生活和素养都深深植根于人的活动中,不能脱离个人存在。

进一步地,实现理想职业生活依赖于职业教育培养的职业生活素养。职业生活素养被视为职业教育的目的,既是课程和评价设计的必需,也是实施技术的需求。职业教育的目标是培养具备必要素养的"完满职业人",这些人才将是实现理想职业生活的关键。教育实践中应注重培养"职业生活素养",以此设定人才培养目标、课程目标和教学方法,确保教育活动与理想职业生活的需求相匹配。

二、理想职业生活所需的素养内容

（一）适应职业物质生活的素养

理想职业生活的实现需要职业人掌握基本的生活技能、持有健康的消费观念，具体包括两方面。

第一，基本生存技能。职业人需要具备能够支持其职业生活的生存技能，这包括合理选择和使用必需的物资来维护生命和健康。这些技能使职业人能够有效地进行日常生活操作，如饮食、居住等，确保个人的生命安全及生活质量，从而在职业生活中提质增效。

第二，合理的消费观念。职业人在职业生活中应形成和维持健康的消费观念，这涉及对消费行为、方式和过程的理性认识与评价。适度控制消费欲望，合理规划消费行为，以确保资源的最优使用，满足实际需要而非无节制的消费，这有助于维持个人和职业共同体的长远利益和持续发展。

通过发展这些基本生存技能和合理消费观念，职业人不仅能解决生存的基本问题，还能促进整体职业效率和生活质量的提升。

（二）胜任职业劳作生活的素养

理想职业生活的成功实现需要职业人具备多样的专业素养，特别是专业知识与技能、创造性人格以及良好的学习适应能力。

第一，扎实的专业知识与技能。专业知识是职业人开展职业活动的核心，包括对所从事行业的全面理解，如行业规则、关键技术、市场动态及未来发展趋势。深入了解职业背景不仅有助于职业人做出合理的职业决策，还能在职业交往中展现其专业性，提升个人信誉和影响力。此外，这些知识还能使职业人更好地理解职业政治生活中的权利与责任，从而在组织内部有效地推动政策变革和创新。

在现代职业生活中，技术技能的重要性不可忽视。它不仅关系到职业人的基本工作能力，而且是其职业成长和职业竞争力的关键。例如，一个软件工程师需要精通编程语言和软件开发框架，这样才能有效地编写代码和开发复杂的软件系统。同时，这些技能也支持职业人在面对日益复杂的职业挑战时，能够灵活应对，如利用先进技解决突发问题，或是通过技术创新来开发新产品或服务。在职业生活中，持续学习和精熟新技术是保持职业竞争力的重要途径，同时也能显著提升职业效率和生产效果，为职业生活带来更多的创造价值。

第二，创造性人格。创造性人格是职业人在职业生活中持续创新和自我完善的核心特质。它包括理性因素，如逻辑思维、分析判断和批判性推理，以及非理性因素，如创新意志、积极动机和灵感激发。这种人格的综合性特征使职业人能够不断探索新方法，发现新方案，从而提高创新性和竞争力。通过这种持续的创造活动，职业人不仅能优化现有产品和服务，还能在行业中树立领导地位，推动整个行业的进步和发展。

第三，良好的学习适应能力。在当前技术快速进步和职业环境频繁变动的时代，拥有终身学习和适应新挑战的能力对职业人至关重要。这种能力使职业人能够灵活适应工作中出现的各种变化，保持职业生活的连续性和稳定性。良好的学习适应能力不仅包括快速掌握新技术和新方法的能力，还包括对不断变化的工作要求的敏感性和适应性，确保职业人能够在变化中寻找新的机会，并在职业生涯中持续成长。

这些素养不仅支持职业人的日常操作和决策，还助力于其在不断变化的职业环境中保持竞争力和创新性，构建一个理想的、持续发展的职业生活。

（三）参与职业政治生活的素养

第一，正确行使劳动权利与履行义务的能力。在职业共同体中，职业人与组织形成一种基于契约的互惠关系，其中包括明确的权利与义务。这种关系不仅体现了民主权利的实践，还反映了成熟的职业人应有的法律意识和民主参与精神。因此，职业人必须具备良好的法律知识和法治观念，明确自己的权利与义务，能够在职业环境中有效行使权利并承担相应的责任。

第二，协商和决策能力。现代职业共同体强调多元主体的合作与治理，职业人参与其中需要具备有效的协商和决策技能。这不仅涉及理解和操作内部规章制度，也包括积极参与组织管理和政策制定，通过协商处理职业共同体内部的事务。职业人在这一过程中应能展示主人翁精神，提升组织效率，同时也能通过这种参与增强对职业共同体的归属感和满足感。

第三，责任感与参与能力。理想的职业政治生活要求职业人不仅在技术和操作层面上表现出色，而且要在社会参与中显示出责任感和积极性。职业人应理解自己在职业共同体中的角色和价值，能够主动参与共同体的各级事务中，对共同体的发展提供建议和助力。这种参与不仅是执行任务，而且是一种对职业共同体未来方向和策略的共同塑造，体现了职业人的社会责任和创新精神。

（四）开展职业交往生活的素养

第一，人际感知能力是开展职业交往的基石。良好的人际感知能力使职业人能够在交往中有效地监听和观察，理解他人的观点和感受。通过这种感知，职业人可以在交往中建立信任，促进有效的沟通和情感的共鸣。这不仅有助于解决工作中的问题，还能促进团队成员间的和谐与合作。

第二，沟通合作能力。在职业交往中，沟通合作能力是必不可少的。这包括能够在团队环境中有效地表达自己的观点，同时理解和尊重他人的意见。良好的沟通合作能力可以帮助职业人构建和谐的工作关系，提高团队的整体工作效率，促进职业共同体内部的集体协作。

第三，自我管理能力。在职业交往中，职业人需要具备自我管理的能力，以确保在多样化的职业环境中保持专业性和生产力。自我管理包括时间管理、情绪控制和工作生活平衡等方面，这是维持稳定职业关系和提升个人职业成就感的重要因素。有效的自我管理不仅有助于提高个人的工作效率，也有助于维护职业共同体的健康发展，促进个体与集体目标的和谐统一。

（五）享受职业精神生活的素养

第一，崇高的职业理想是职业精神生活的核心。职业理想不仅是职业人对未来职业成就的展望，也是其内在动力的源泉，引导职业人确定自己的职业方向和发展路径。一个明确且富有挑战性的职业理想可以激励职业人不断前进，不仅可以影响其个人职业发展，也可以提升其职业满足感和生活质量。缺乏职业理想的职业人可能缺乏前进的动力，难以在职业生涯中实现自我价值。

第二，高尚的职业道德品质是职业精神生活的重要支柱。职业道德作为社会道德在职业场所的体现，不仅是职业人在日常工作中应遵守的行为规范，也是维护职业关系和职业生活秩序的基石。高尚的职业道德品质使职业人能够在复杂的职业环境中做出道德判断和行为选择，处理好与自然、社会、自身的道德关系。职业道德的高标准不仅体现了职业人的个人品质，也是传承和弘扬职业文化的基础，对促进职业共同体的和谐与进步发挥着重要作用。

职业道德的高标准还是调节复杂职业关系的关键。在法律条文无法覆盖的灰色地带，职业道德提供了行为指导，如在服务行业中对待顾客的态度，或在团队内部的互动行为。优秀的职业道德不仅可以避免职业冲突，还可以增强团队合作，提高工作效率和服务质量。因此，职业道德是职业人处理职业关系、维护职业生活秩序的重要工具，同时也是职业生活健康发展的保障。

第三，丰富的职业审美素养。职业审美素养包括审美知识、审美意识和审美能力，是职业人在职业活动中展示个人风度、提升工作效率、增强创造力的重要素质。良好的职业审美素养不仅使职业人的身体动作和技能展现出美的风格，还能促进其智力和心理的全面发展。在职业生活中，审美素养能够提高工作效率和生产质量，改善工作环境，增强人际关系的和谐性，从而提升职业满意度和生活质量。

第四，批判的反思能力。这是一种深度的思考能力，能够使职业人在职业实践中审视和评估自己的行为和决策，对未观察到的或间接的信息进行推理和分析。这种能力不仅帮助职业人预见未来可能的挑战和机遇，还能促进他们在职业生活中做出更合理、更有效的决策。批判的反思能力是持续职业成长和自我完善的关键，它激励职业人探索新知，创新解决方案，增强职业适应性和竞争力。

三、理想职业生活所需的素养结构

理想职业生活的五个维度构成的"职业生活素养"覆盖了职业生活的众多方面，展示了理想职业生活对个体素养的综合要求。然而，理想职业生活不是职业物质生活、劳作生活、交往生活、政治生活和精神生活的简单组合，而是这些生活方式的有机整合。单独的素养条目可能无法全面反映一个完整的个体在多维度职业生活中所需的完整素养。因此，本书提出了一种系统化的素养结构框架。

（一）理想职业生活所需素养的分类

根据国际上常用的分类方法，素养一般被分为领域素养和通用素养。领域素养指的是在特定领域中常用的素养，例如信息与媒介素养等。然而，在本书中，领域素养并不突出，且信息与媒介素养等被视为为未来理想职业生活奠定技术基础的通用素养。因此，本书认为，传统的领域素养和通用素养的分类方法并不适用。

本书根据素养的综合性程度，将素养分为三种类型。一是基础素养，指为职业生活提供基础支撑的素养，如运用职业知识与技术的能力、信息和媒介素养等。二是通用素养，指具有一定综合性和可移植性的素养，如沟通合作能力、自我学习与适应能力、批判反思能力、责任感与参与能力等。这些素养在职业生活中起到关键支撑作用。三是综合素养，指多种基础素养和通用素养在职业生活中形成的品格、情感与价值观的综合体，如职业理想、职业道德、职业审美等。

理想职业生活所需的职业生活素养特别关注职业情境下的生活素养，与一般的知识技能相比，属于更高阶的能力和品格。因此，如基本的生存技能、合理的消费观念和正确行使权利与履行义务的能力，虽然是职业生活素养生成过程中的必要支撑，但由于其适用范围狭窄或基础性质，不完全符合素养的综合性和情境性特征，故不属于核心的职业生活素养。

（二）理想职业生活所需素养的结构

目前，国际上对素养结构的研究主要分为四种类型，包括层级并列型、整体交互型、系统立体型以及同心辐射型。这些分类虽有其独特的理论和实践价值，但在实际应用中，它们并不是完全独立的，而是相互渗透和融合的。例如，美国的"21世纪技能"框架既展示了系统立体型的特征，也表现出层级并列型的特点。系统立体型展现其组成部分之间内在的逻辑关系，而其21世纪学习框架则包括了课程、学习环境、评价标准等多个维度，形成一个立体的系统结构。同时，其素养条目的排列又呈现出层级并列型的特征。

在探索理想职业生活所需的素养结构时，本书根据职业生活的多维度特性，提出了将职业生活素养构建为层级并列型及同心辐射型两种结构。在层级并列型中，将职业理想、职业道德和职业审美这些综合程度较高的素养暂时排除，因其分类维度与其他素养相比具有较大差异。而在同心辐射型结构中，这些素养被视为高级层次，被纳入同心圆的内层。

层级并列型的结构主要基于职业人与物质、职业人与他人、职业人与自我这三个基本的交互维度。这种分类反映了无论在哪个时代，职业生活都涉及与物质、他人和自我之间的互动。不同时代对这些"对话"的重视程度各有偏重。例如，工业时代更侧重于人与物的互动，现代则越来越强调人与他人及自我之间的交流。在层级并列型中，这三大维度被进一步细化为具体的能力，如与物互动的技术技能，与他人互动的沟通合作能力，以及与自我互动的自我管理能力等。

同心辐射型是在层级并列型的基础上，将高级素养职业理想、职业道德和职业审美纳入内层，形成从中心向外放射的结构。这种结构强调这些高阶素养是在与物、他人、自我之间不断互动的基础上，逐渐形成和深化的。

总体而言，理想职业生活所需的素养是一个综合性、情境性、发展性和时代性相结合的复杂体系。这种素养不仅包括与具体职业技能相关的基础素养，还涵盖了能够适应快速变化的职业环境的通用素养，以及能够引领职业发展的高级素养。理想职业生活素养的形成是一个动态的、非线性的过程，需要职业人在真实的职业情境中，通过不断的"对话"和反思来实现。职业教育的任务是激发学生的主体性，为其创造真实的职业情境，促进学生在实践中感知、体验和形成所需的素养，实现从学以致用到终身学习的转变。

第三节 理想职业生活需求的教育教学结构

职业生活涵盖多种职业活动，这些活动本质上也可被视为职业行为。因此，职业生活的能力便是职业行为的能力，通常表现为工作过程。为了培养学生的职业能力，职业教育应实施行动导向的教学策略。这种策略基于教学设计理念，把学生置于核心位置，鼓励学生在学习过程中主动参与，自我调整和承担责任。学生自定学习目标，并在实现这些目标的过程中持续自我反思，使学习成为一个自我驱动的过程，而非外部强加的"黑箱"操作。

行动导向的教学与建构主义学习理论高度一致。按照建构主义，知识不仅是对现实的客观反映，还是学生通过与环境的互动而构建的结果。学习是学生在社会性活动中自主进行的意义建构过程。

依据行动导向的教学理论，针对职业生活的职业教育应基于完成职业任务（如职业劳作、职业交往等）所需的环境条件、行动要求和职业人的内部调节机制来进行设计、实施和评估。在这种教学模式下，教师有目的地引导学生在真实或模拟的职业环境中全面参与，让学生通过自己的探索、讨论和解决问题的方式，体验并反思学习行动，从而掌握所需的职业能力。这种教学过程强调学生的主动性，不仅重视专业知识和技术技能的培养，而且关注学生的精神世界和职业精神。教学过程中注重职业体验的融入，强化师生间的交流与互动，营造职业交往的情境。

一、教学方式：关照职业精神生活的需求

在行动导向的教学模式中，教学方法经历了重大转变，变得更加整体化和主动。这种方式以行动为核心，涉及学生的全面参与，教师则扮演辅助、参与或观察者的角色。学生不仅要构想行动的流程，还需设计行动的对象、使用的工具，并寻找协助者。行动导向的教学特点是任务驱动和跨学科，全面培养学生的职业精神生活能力，满足他们的职业精神需求。

（一）关照职业精神生活的需求

传统职业教育以学科内容为核心，追求对世界的有效控制，往往忽视了世界的完整性，导致科学、道德与艺术的割裂。这种教学方式着重于学科知识的灌输，视学习为封闭的书本知识的学习过程，忽视了探索性和行动性学习的价值，从而导致学生人格的片面化，阻碍了学生的全面发展。此外，这种传统教学强调传承知识和技能，缺乏对学生批判性思维和创新能力的培养，使学生习惯于被动接受，缺乏独立思考和解决问题的能力。

行动导向教学打破了传统学科的界限，整合不同学科内容，建立有意义的联系，视教与学为一个统一整体，使学生在更广阔的领域内了解真实的职业生活，充分关注学生的精神生活需求。这种教学强调学生的自我管理，教师主要提供支持，与学生共同控制和评价学习过程。学生在这种环境中有明确的任务，可以自主规划和组织学习活动，对自己的学习负全责。学生需要分析学习任务，设计解决方案，提高自主性和积极性；评估环境和任务要求；建立信任的师生关系，提高团队协作；学会反思和评估学习成果的价值和意义。通过这种全身心的投入，学生在解决学习中遇到的困难和问题时能够真正成长，不仅获得专业知识和技能，而且能满足未来职业精神生活的需求，培养成为能够独立解决实际问题的职业人才。

（二）建构学生的职业精神世界

行动导向的教学应从学生的实际生活出发，深入了解他们的生活状态和方式，充满人文关怀地提升学生的职业生活意义和价值。通过自主活动和互动对话，学生可以构建自己的职业精神世界。

首先，教学应通过实践认知和自主活动帮助学生构建知识，并促进其身心发展。在教学活动中，学生通过自主学习来构建知识，是其基本的存在方式。他们通过将新知识与已有的认知和经验相结合，不断完善和丰富自己的认知结构。学生应成为学习过程中的主体，通过与外部环境的互动，积极构建自己的职业生活认知体系。这种主动的构建过程使学生在两个方面得到发展：一是通过自主学习和实践不断吸收人类知识；二是展示自己的品质和能力。这种内化与外显的循环交替，有助于学生身心的全面发展。

其次，通过交往对话促进意义的建构和个性的形成。教学应将职业生活方式作为参考，在师生和生生间的对话以及学生与职业生活的互动中实践。将这些互动融入认识活动过程中，可以使教学过程转变为对学生的教化。教化是一种激发人的潜能、提升思想和能力的过程，包括对知识的认知、对各种思想形式的思索，以及对事物属性的深入理解和技术的熟练运用。这种教化活动促进了学生与职业生活之间精神能量的创造性转化和生成，有助于学生职业人格的全面形成：一是通过交往促进双方人格的成长；二是通过自我交往监督和促进个人人格的发展；三是通过与职业生活的互动，更深入地了解和融入职业生活。

总之，这种教学方式基于学生现有的认知水平，通过互相理解和对话，整合多样的课程知识，并共享这些知识，帮助学生构建自己的精神世界和形成独特的个性。

二、教学过程：注重职业生活体验的渗透

行动导向教学强调任务的引导性，使教学过程以各种职业发展性任务为载体，在实际职业实践中完成这些任务。这种方法确保了学习过程与职业生活过程的一致性，强调了真实的职业生活体验在整个教学中的重要性。

(一) 教学过程应注重职业生活体验之渗透

教学过程中应深入整合职业生活体验。只有将学生的实际职业生活体验融入教学，才能触及学生的内在精神世界，改变他们的职业生活方式，提升职业生活的深刻意义。在职业教育中，体验不仅是学生的生存方式，也是他们追求职业人生意义的方式。从某种意义上说，体验是学生利用自己的需求、认知结构、生活经验和价值取向去理解、感悟、反思，从而形成对职业生活的独特认识和理解。因此，体验因人而异，同样的职业生活经历可能引发不同学生不同的体验反应。

这种教学本质上是师生共同体验职业生活的过程。教师展示的不仅是理论知识，而且是他们的职业生活体验。学生通过体验职业生活，能与教师的体验产生共鸣，从共享中发现自身的不足并获得提升。在教学过程中，目标设定、教学方法、组织形式的设计以及师生关系的建构都与学生的个人发展紧密相连。教材只是连接学生与职业生活的案例，职业教育的终极目标不仅是学生掌握这些案例，而且是通过案例学习领悟到更深层次、更有价值的东西。

职业教育应该注重职业生活体验的渗透，这种体验是面向职业生活的行动教学的核心特征。教学过程应成为一种实践活动，旨在扩展学生的职业生活意义和促进职业人生的发展。这不仅是学生个体的认知过程，也是一个尊重学生生命存在、唤醒职业生活意识、构建完美职业人格的过程。

(二) 教学过程渗透职业生活体验之路径

职业生活体验应贯穿职业教育教学的全过程。行动导向的教学可以分为以下几个关键步骤：首先，创设情境并提出问题，激发学生的思考并指向学习目标；其次，规划行动，将思考转化为具体行动方向；再次，实施行动，学生利用自身潜能进行"试验"，通过各种方式寻找并实施行动；最后，行动的内化或评价，学生通过这一过程加深对自己和他人行动的理解。

这种教学方法强调"做中学"。杜威的相关理论虽存在局限，但其提出的五步教学法具有借鉴意义：首先构建真实情境；其次，在情境中产生实际问题刺激思考；接着，提供必要知识和假设解决问题的方案；然后，学生实际操作验证这些假设；最后，根据结果得出结论。

结合行动导向的教学步骤和杜威的五步法，职业教育教学可以细分为以下步骤：首先，找到或构建真实的职业生活情境，通过校企合作提供情境化的学习环境；其次，在这种情境中利用专业和技术教师的双重作用，刺激学生的思考；接下来，学生和教师共同提出解决问题的方案；然后，学生在真实或模拟的情境中实践这些方案；之后，学生对自己的学习成果进行反思和评价；最后，学生根据验证结果用书面或口头方式表达结论，通过不断的实践和交流完善自己的知识和技能。

教学过程中，学生需要"做"，通过实际参与职业活动获取经验；"思"，通过反思转化经验为知识；"说"，通过交流表达自己的理解；"写"，通过写作进一步厘清思路和深化理解。这种方法使学生能通过书写职业体验来更好地理解自己，推动他们在职业教育中实现深刻的学习和个人成长。

三、教学关系：营造职业交往生活的情境

（一）搭建学习社区，营造交往情境

职业教育应构建意义性学习社区，积极营造职业交往生活情境，重视师生及生生之间的互动与对话，以建立良好的教学关系。

首先，创建学习社区，营造交往环境。学习社区是在学习领域中体现的"意义社区"，源于对西方工业神话和科技理性的批判。这种社区不是具体的实体机构，而是一种虚拟的学习场域，倡导主体间平等交往，可以在课堂教学空间具体化。未来职业人将处于特定的社会关系和职业场合中，形成一种职业型社区。教学环境也应是一种意义社区，即学习社区，作为职业社区的雏形，旨在通过自主学习和实践，促进学生通过交往与对话发展自身，培养成为职业生活和社会生活的主体，实现个人价值与社会价值的统一。

其次，强调学生的主体地位。在学习社区中，教师应尊重学生的个性，培养学生的主体意识和独立人格，发展他们的主体能力。学习社区使学生的认识活动升华为社会活动。学生在交往中体验人生价值，这种价值不仅是人对物的价值，也是人对人、人对社会的价值。教学中必须尊重学生的创造性与自由。学生应根据自己的需要、价值取向和能力，自由参与社区的创造性活动，体验参与的存在感，享受创造的快乐和生命的绽放。

最后，引入职业生活情境。职业教育的课堂应适当引入职业生活要素，通过典型案例或模拟情境，或将课堂植入真实职业环境，培养学生的真实职业体验。职业生活对学生的个人发展有重大影响，在职业环境中，学生的职业人格既是教育过程的产物，也是其组成部分。职业生活环境和职业人格的形成相互作用。学生通过参与工作过程，运用所学知识解决问题，与他人合作，从而体验职业劳作、培养职业交往能力和职业精神品质。只有在真实的职业生活体验中，学生才能积极实现自身本质，创造和生产社会联系和社会本质，这种社会本质是个体间互动和交往的过程。

（二）注重自由交往，加强主体间的平等对话

职业教育的教学应建构意义性学习社区，促进自由交流，加强平等对话，以建立良好的教学关系。

首先，重视教学主体间的自由交往。杜威认为，交往本身是教育的重要过程，具有显著的教化功能，因为个人在社会环境中的生活就是一个接受教化的过程。他强调，社会交往中所需的知识和能力不能仅通过被动听讲获得，必须通过社会环境中的互动和共同活动来发展。真正的教育发生在共同的社会活动中，社会环境通过促进参与共同活动的程度来发挥教育效果。职业教育作为一种社会活动，应鼓励主体间自由交往，其中师生关系应是基于人际而非事务的"帮助关系"，促进真实和亲密的人际连接。在这样的关系中，师生作为独立的个体进行交流，共同承担教学任务，自然表达情感，共享精神成果。

其次，强调师生间的平等对话。职业教育应是充满智慧的认知交往活动，主体间应相互理解、沟通并进行平等对话。雅斯贝尔斯认为，对话是探求真理和自我认识的唯一途径。理想的教学关系是超越"我与他"的关系，形成"我与你"的精神相遇的平等对话关系。通过对话，师生共同探索职业生活的未知真理和技术发展规律，互相帮助和促进思考，提高认知水平和职业能力。在这种平等关系中，师生关系不再是单向的"传授"与"接受"，而是围绕学习社区的主体意义建构过程。

综上所述，理想的职业教育应在培养目标、课程设置和教学实施中全面服务于职业生活的需求。职业教育应以职业生活的多元维度为指导，注重课程知识的职业生活意义建构，发展系统化的课程体系，并完善课程内容。教学应采用行动导向的方式，关注职业精神生活的内涵和建构，深化职业生活体验的融入，营造职业交往生活情境，

以培养学生的综合职业生活能力，使他们能够探索职业生活的意义并实现职业人生价值。

第六章　职业教育内部质量管理机制构建研究

目前，在高职教育领域中，对质量管理的讨论主要集中在质量评估和监控层面，尚未完全建立起符合现代标准的质量管理理念和方法。现代质量管理强调整体和系统性的设计，注重过程管理及全员参与，并重视利用大量数据进行质量管理技术分析以及基于质量评价的持续改进。为了将这些先进的管理理念有效融入当前的高职教育质量管理实践，构建一套内部质量管理系统，需要从高职教育质量管理的基本构成要素着手进行研究。本章从全面质量管理的视角出发，结合高职教育领域现有的评估理念，深入探讨高职教育内部质量管理的核心概念，包括创新的质量观、管理观和评价观，并就基于全面质量管理理论构建实践探索的高职教育内部质量管理系统进行系统化的讨论。

第一节　职业教育质量管理概述

在探索高职教育内部质量管理的本质时，首先需要清晰理解高职教育内部质量管理的相关概念。要深入把握这些核心概念，必须准确了解高职教育的类型特征。教育部《关于全面提高高等职业教育教学质量的若干意见》（教高〔2006〕16号）明确指出，职业教育作为高等教育体系中的一种类型，承担着培养适应生产、建设、服务和管理一线需要的高技能人才的任务。这表明高职教育是高等教育体系中的一环，它在人才培养规格、课程改革、师资能力等方面展现了其"高等性"。与此同时，相较于普通高等教育，高职教育在与行业企业的联系、工作实践的贴近度以及技术创新的相关性方面展现出明显的"职业性"特点。

一、高职教育质量

要精确理解高职教育的质量含义，首先需明确"质量"这一概念。在质量管理学中，质量被定义为实体（如产品、过程或活动）满足明确或隐含需求能力的特性总和。统计质量控制之父 W. A. 休哈特（W. A. Shewhart）将质量视为产品的优良程度。他认为质量是绝对和广泛认可的，代表着不可妥协的标准和高成就。美国质量管理协会和欧洲质量管理组织认为，质量是产品或服务的内在或外部特性的总和，这些特性构成了其满足特定需求的能力。

对于高职教育来说，质量意味着学校的教学、科研、社会服务等固有特性能在多大程度上满足学生家长、行业企业、政府等教育参与者的需求。这些特性具体体现在新专业设置和现有专业改革、课程内容与体系的设计开发、教学方法的创新、柔性化教学管理支持等人才培养属性，以及科研技术研发和技术服务、社会服务的各类培训与鉴定等方面。因此，高职教育的质量应以满足这些多元参与方需求为出发点，明确学校教学、科研、社会服务的内在属性，并通过持续的质量管理和改进来满足顾客要求，这些顾客要求包括学习者（及其家长）的个人发展需求、行业企业对技术技能人才的质量要求、政府对区域经济发展的期望以及教育发展新阶段的需求。

高职教育的质量特点主要有三个方面。首先是服务导向。核心在于技术技能人才的培养，服务于区域经济产业的人才需求和学习者就业创业的可持续发展能力。其次是要素变化。高职教育不是封闭系统，而是一个处于动态开放状态的系统，受产业发展和企业技术升级的影响，各院校和专业的特性与差异导致教育质量要素的多样性和动态性。最后是反馈迅速。高职教育紧贴区域经济发展和行业企业的技术技能人才需求，通过外部质量评价迅速反馈，直接影响学校的专业设置、课程开发、教学设计及招生规模等方面。

二、高职内部质量管理

根据我国国家标准（GB/T6583—1994）《质量管理和质量保证术语》以及国际标准 ISO8402—1994《质量管理和质量保证术语》，质量管理是"确定质量目标、方针和责任，并通过质量管理体系中的活动如质量标准策划、过程控制、效果保证和改进推进所有管理职能的全面活动"。这表明，质量管理不仅涉及管理活动和评价，而且是一种涵盖识别和管理两种行为的综合活动。

对于高职教育来说，质量管理意味着梳理和掌握影响教育质量的关键因素，采用科学的理论、程序和方法，确保教育过程处于可控状态，以实现教育服务质量的保证。实现既定的质量目标必须通过过程控制。因此，强调过程管理是确保高职教育质量的关键。高职教育需避免简单移植企业质量管理模式，以免抑制教师和学生的主动性和创造性。

高职教育质量管理可分为外部与内部两个层面。

外部质量管理涉及职业院校与政府、市场、社会之间的互动，构成一个多元化的质量评价体系。这不仅实现了对高职教育质量的多层次、多方位评价和监控，也促进了院校主动承担教育质量责任。政府关注高职教育质量，旨在实现教育投入的最大化效益；学生及其家长以及未来雇主则关注教育成果和服务质量，对教育保障措施和体系的关心相对较少。

内部质量管理在职业院校中关乎多主体间利益的调整与分配，并相应地推动院校内部要素的改革。具体而言，这涉及站在职业院校质量管理的视角，聚焦于技术技能人才培养质量这一核心目标，并涉及专业建设、教学方法、课程改革、师资力量、学校资源配置等要素的系统管理，以形成一个多类别、多层次、多方式的管理模式。

本书主要指职业院校内部管理的范畴，特别是技术技能人才培养过程的质量管理。高职教育的职业性、应用性和实践性特征是决定人才培养成败的关键，也是内部质量管理策略的重要基础。

职业性是高职教育的显著特点，它要求教育内容和方法符合具体职业岗位的需求，依据行业职业能力标准培养技术技能人才，并以人才适应职业岗位需求的程度作为工作重点。实践教学学时通常不少于总学时的一半，体现了职业教育的核心要求。

应用性与高职教育的目标紧密关联，主要是培养能将理论知识应用于实际的高素质技术技能人才。在课堂教学中，强调技术技能的培养和实际应用，确保学生能够在实际工作中直接运用所学。

实践性表现在教育教学的方方面面。高职教育强调专业实践的重要性和学时比例，确保毕业生能迅速适应职业岗位。专业设置、课程开发和教学计划的设计都通过校企合作深度实现，使行业和工作现场的专家能共同参与。

正确区分和把握高职教育外部管理与内部管理的界限和内容要求，实现二者的对接和互补，是推进高职教育内部质量管理时需关注的问题。外部质量管理着重评估职业院校的办学效益和成果，成为外部监管的重要手段，体现了外部相关方对院校办学成效的评价和问责。因此，政府作为外部质量管理者，应评估院校内部建立的质量管理制度和活动机制在多大程度上帮助学院实现既定的质量目标，同时通过强化高职教育内部质量管理，发挥内部质量保证机制的作用，形成常态化和动态化的质量保证体系，以有效实现外部与内部质量管理的平衡。

三、全面质量管理理论的引入

将全面质量管理理论（Total Quality Management，简称 TQM）引入高职教育内部质量管理是职业院校适应多元化社会环境并实现可持续发展的必要条件。在高职教育内部质量管理中，全面质量管理的应用意味着围绕技术技能人才培养，系统管理教育教学质量相关的专业建设、课程开发、师资建设、资源配置以及学习参与度等因素，实现全员、全过程和全方位的管理，以提升教育教学质量，达到预定的人才质量目标，形成一个"多要素、多层次、多功能的质量管理系统"。

全面质量管理理论最初由美国学者休哈特在 20 世纪 30 年代提出，主要强调对影响质量的全过程和各种因素进行系统管理，目的是生产出消费者满意的产品。1987 年后，该理论被引入中国，在企业界广泛应用并取得显著效果。近年来，一些研究者开始探讨将 TQM 引入教育领域的必要性与可行性，尝试对教育人才培养以及学校管理进行全过程、系统性的管理探索，并取得良好效果。本书旨在通过借鉴全面质量管理的思想，将相关管理技术方法纳入职业院校技术技能人才培养的质量过程管理中，使高职教育内部质量管理达到"标准化"。

全面质量管理下的 PDCA 管理技术，代表计划（Plan）、执行（Do）、检查（Check）、处理（Action）四个阶段，是当代管理学中的一种重要方法。PDCA 通过使管理内部的各环节紧密结合、循环前进，体现质量管理活动的连续性和系统性，其中每个阶段又包含若干具体步骤。在高职教育内部质量管理中引入 PDCA 管理技术，可以不断提升教育教学质量。与 PDCA 相对应，高职教育内部质量管理应包括质量目标的设计、专业建设、资源配置、学习参与度管理、学业成果的评价检验以及质量管理反思与改进等方面。

（一）计划阶段：质量目标的设计

计划阶段是内部质量管理体系中的起始阶段，为后续各阶段的目标和行动方向提供依据。在这个阶段，关键任务是设定清晰的质量管理目标或标准，制订一个全面的计划，以确保整个质量过程得以顺利执行。这包括确定具体的质量目标以及为实现这些目标所采取的策略和措施。

在制定质量目标时，准确理解高职教育中的质量观极为关键。质量观涉及对"质量是什么"这一基本问题的共识，这是设置评价标准、诊断现有质量状态和推动质量改进的前提。因此，质量观是高职教育质量管理核心概念的首要元素，它关乎对质量的基本理解和态度。现代视角下，质量被视为是通过过程生成的，而非单纯通过检测或评价得出。

20 世纪 80 年代以来，中国的高职教育经历了从初创到注重内涵发展的转变。随着国家高职示范院校和骨干院校项目的推进，我国的高职教育在质量和特色方面取得了显著进步，技术技能人才的培养质量得到了提升。尽管如此，高职教育中依然存在过分强调技术技能而忽视人文素养的现象，"工具论"与"人本论"的辩论持续存在。科学地分析这两种理论的结合对于理解和推进我国高职教育质量的提升具有重要意义和启示。

自 1980 年起，中国的职业教育发展一直强调以就业为导向，着重适应行业和企业职业岗位的能力要求，加强对学生技术技能的培养，其主要目标是促进学生的顺利就业。高职教育长期以来坚持这种"工具论"价值取向，但在技术技能人才培养的实践中面临多项挑战。随着区域经济和企业技术的发展，职业岗位对人才的要求趋向于技术技能与高素质的综合能力。尽管许多职业院校的毕业生具备实际操作能力，但他们在工匠精神、企业家精神以及职业道德和素养方面仍需进一步提升。此外，由于忽视学生的全面发展，高职学生的职业归属感较弱，有些学生对未来职业缺乏信心，这些问题值得业界深思和重视。

人本论的核心是以人为本，关注个人的发展，主张教育应从以学生为工具的教育模式转向关注学生作为独立主体的全面发展。这种教育理念强调尊重、关心、理解和信任每位学生，帮助他们实现自我发展。因此，高职教育应弘扬以促进人的发展为目的的价值取向，培养具有高职业素养和技术技能的人才。这种教育不仅注重学生的技术技能，也强调人文素质的培养，实现了人的全面发展导向和创业就业导向的统一。

高职教育人才培养规格体现了"二元"因素，即发展型、复合型和创新型技术技能人才的培养。这既反映了人才培养中人文综合发展的"人本论"导向，也体现了"工具论"导向的技术技能学习。根据《国家教育事业发展第十二个五年规划》的指示，这种双重导向在人才培养质量标准上是统一且逻辑协调的。

因此，在设计质量目标时，应全面考虑人本价值取向，对高职教育的人才培养规格进行创新定义，确立质量目标，并围绕人才培养的各个方面设定具体目标和要求。这包括专业设置、课程建设和教学改革的量化方法，以及这些因素对教育质量的影响，确保设计方法遵循明确的原则、依据、步骤，并进行必要的调整。

（二）执行阶段：专业建设、资源配置及学习参与度管理

在计划阶段的基础上，执行阶段涉及根据既定的质量目标推进各项工作。这包括针对性的专业设置和职业性的课程开发，合理配置师资资源与确保教学资源的匹配性，以及推广"教学做"一体化教学模式和柔性化教学管理的学习参与度管理。这些措施的共同目的是提升技术技能人才的培养质量。

研究职业院校的专业建设、资源配置及学习参与度管理主要体现在对质量管理观的理解和实践上。管理观涉及确定质量管理的方法。当前高职教育质量管理实践已从过去单一的"目标管理"转向"过程管理"与"目标管理"的结合，这种方法更能有效地管理质量。尽管目标管理曾是主导，通过设置明确的绩效目标并在工作过程中进行质量控制以达成目标，但目标管理方法的科学性和专业性直接影响管理成效。如何推进高职教育质量的过程管理是当前教育领域关注的焦点和挑战之一。

彼得·德鲁克（Peter Drucker）于1954年首次提出"目标管理"概念。该方法强调全员围绕事先确定的量化质量目标进行工作，通过预设目标与实际结果的对比，容易识别质量实现的效果，从而优化管理效果。然而，目标管理也有其局限性：明确的绩效目标可能导致组织过于关注任务完成的时效而忽视对质量形成过程的管理和改进，促进了急功近利的现象，增加了内部竞争和资源浪费，从而可能降低管理质量和资源利用效率，抑制管理创新。这些问题需通过合理的管理方法改进，以确保高职教育的质量管理既科学又高效。

针对目标管理存在的缺陷，质量管理领域发展出了"过程管理"模式。通常情况

下，组织的行为涉及多个输入和输出，这些过程之间存在内在联系。为了创造更大的价值，过程管理的方法强调加强对这些过程的管理，通过有效识别并科学控制过程的关键点来实现质量提升。过程管理专注于过程的识别、分析以及在发现问题时的及时改进与完善。虽然过程管理也设定目标，但更注重通过对质量过程的控制来达到最终目标，这些过程是可控制和可改进的。

1992年以来，过程管理开始在高等教育领域得到应用，许多高等教育机构开始引入ISO9000系列标准，注重过程控制，并持续进行质量改进，从而加强学校内部质量管理。在职业院校，人才培养质量管理实际上涉及多个过程活动，如专业设置、课程改革、师资结构、教学资源建设、教学一体化、柔性化教学管理等。通过对这些环节进行科学有效的识别、控制和评价，并分析各环节的相关性，可以优化质量管理流程，实现环节间的合理衔接，将技术技能人才培养的质量管理从"事后"管理转变为全面的质量过程管理。实现对人才培养各环节的有效过程管理是决定高职教育人才培养质量的关键因素。

在执行阶段，主要探讨的是如何对专业设置的针对性、课程开发的职业性、师资结构、教学资源的匹配性以及学习参与度管理等每个环节进行有效的识别与控制。同时，就本阶段的质量管理要素的协同特征、影响因素及实现路径进行实证研究，目的是实现整个阶段质量过程的有效控制。这种控制不仅涉及单一环节，而且包括整个教育过程的多个控制点，形成一个综合的过程示意图。

（三）检查阶段：学业成果的评价检验

在执行阶段完成后，检查阶段是对是否达成预设质量目标进行评估的关键时刻。这需要对照初期设定的质量标准，审视最终的成果是否符合预期，并对存在的差距和问题原因进行总结，提出相应的改进措施。在职业院校的质量管理体系中，这一阶段尤其突出了教育质量评价的重要性，特别是在学业成果的评估和实施方面。

检查阶段的核心是理解评价观念的转变，即从以教师活动为中心转向以学生学习成果为核心。这一转变反映了从过去关注教师"做了什么"，到现在重视学生"学到了什么"的观念改变。20世纪50和60年代以来，西方高校在规模扩张后，开始将教育质量评价的焦点从"投入与产出比"等效率导向的评价转向更多关注学生实际学习成果的评价。这种趋势强调以学生为中心的教育理念，关注学生的学习体验和学习过程的成效。

在美国，直至20世纪80年代前，高等教育质量观主要集中在资源（如资金、优质教师和学生）的投入和学术声誉（通常与著名学者和大师的数量有关）。然而，随着高等教育大众化的深入发展和对教育质量更深层次的理解，新的观念逐渐形成，即关注学生在学习过程中学到了什么，以及他们如何学习。

近年来，国际上非常重视学生学业成果的评估研究和实践。教授肯尼思·莫蒂默强调了问责制的重要性，其侧重点是教育系统的产出而不仅仅是输入。高等教育的产出是指学生从入学到毕业的整个过程中，在知识、能力和素质上的提升。这些提升被视为学业成果，可以通过比较学生入学和毕业时的能力来评估。美国学者弗雷泽也指出，高等教育的质量首先是学生发展的质量，即学生在认知、技能和态度等方面的进步是衡量教育质量的核心标准。

综上所述，学生学业成果的评估通常包括几个关键要素：学生的学习动机、学术参与和合作能力；学习结果，即对知识和技能的成果评估；学生的满意度和自我评价。这些要素共同构成了高职教育质量管理中检查阶段的关键内容。

在过去十几年的发展中，中国的高职教育经历了从规模扩张到注重质量提升的转变，这使西方大学的质量管理理念对中国高职教育的质量提升提供了有益的借鉴。当前，中国高职教育的评价观主要呈现出两大发展趋势。

第一，高职教育开始注重过程管理和质量输出的评价。2004年和2008年的职业院校评估涵盖了诸如办学理念、师资建设、教学条件与利用、教学建设与改革、教学管理、教学效果、特色或创新项目等方面。这些评估主要基于"优质输入等于优质输出"的假设，导致职业院校着重于硬件资源的投入和建设。然而，优质的教育资源投入和优秀的学习成果输出之间存在必要但非充分的关系，即"只有通过学生的有效转化和主动获取，优质教育资源才能转化为优质输出"。在新的发展形势下，高职教育更加注重学训一体化、学习参与效果、与行业的深度合作等过程质量，以及学生学业成就、技术技能提升、职业精神养成等产出质量的评价。

第二，高职教育更加关注增量的评价。新的质量评价观念开始从传统的关注累积存量转向关注发展增量，强调基于学校当前状况和动态教学效能产生的概念，侧重于教学质量的持续改进。这种增量评价重视学生个体发展，尊重学生获得利益的诉求，将质量评价的焦点集中在学生个体发展的评价上，即从教师"做了什么"转变为关注学生"学到了什么"。

本研究阶段主要对基于学业成果的质量检验操作体系进行系统设计，并探讨了基于"人本论"价值取向的质量目标设计和基于过程管理方法的质量过程控制。研究内容包括学业成果评价标的的设计与开发、管理工具的选择、结果分析与改进的框架设计，以及毕业生学业成果的终值与期望值符合度的验证方法。

（四）处理阶段：质量管理反思与改进

处理阶段是 PDCA 循环中至关重要的一环，也是质量管理的关键步骤。在这一阶段，基于之前 PDCA 循环的经验总结和问题分析，提出新的整改建议和措施，这对于提升下一个循环的质量管理至关重要。戴明（Deming）教授曾指出，质量的实现并非通过检验，而是依赖于质量过程的持续改进。因此，处理阶段是实现有效管理的核心环节。在职业院校的人才培养质量管理中，一个普遍的问题是，在识别出问题环节后，缺乏积极的应对和持续改进措施。若无有效的处理阶段改进，高职教育的内部质量管理就会流于形式。

质量管理的反思与改进应基于对当前管理现状的科学评估和准确问题定位。这要求对技术技能人才培养的各环节进行精确的过程识别和控制，找出影响管理效果的关键因素，并提出针对性的解决策略，以达成预设的人才培养质量目标。反思与改进主要在两个层面展开：一是在国家政策层面，及时跟进和理解教育管理部门的政策法规，适应外部环境和群体特征的变化，组织相关机构和人员研究适应高职教育的新政策需求，制订和完善学校的战略发展规划；二是在校内教育教学层面，持续监测学生的专业学习和实践参与情况，掌握学生在学习期间的知识基础、技术技能和职业素养的提升，评估人才培养过程的实施程度及质量管理机制的有效性，以此推动质量管理的持续优化。

PDCA 循环应用于高职教育内部质量管理，能通过各个环节的协调和相互促进，构建一个动态的、常态化的质量自我管理循环体系，实现计划、执行、检查、处理的一体化质量管理系统，从而有效提升职业院校技术技能人才的培养质量。

研究高职教育内部质量管理意味着在特定理论框架的指导下探索其组织的质量管理活动，通过收集和分析数据来发展质量管理理论。彼得·德鲁克教授指出，管理的目的在于帮助组织取得成功，它是使组织在外部环境中取得成效的工具，无论是企业、大学还是医院。因此，我们提出基于全面质量管理（TQM）理念和PDCA方法来设计质量目标、推进专业建设、资源配置以及学习参与度管理、学业成果的评价检验、质量管理反思与改进等阶段。

这些理念反映了职业院校多年来的实践探索和理论创新的成果，体现了现代质量管理的价值观，为构建高职教育内部质量管理的研究范式提供了基础。高职教育内部质量管理是一个系统问题，其影响因素繁多。我们的研究围绕职业院校技术技能人才培养的核心质量进行，基于全面质量管理理论的PDCA管理技术，探索质量目标的设计、专业建设、资源配置及学习参与度管理，学业成果的评价检验，以及质量管理的反思与改进。同时，我们遵循高职教育的质量观、管理观和评价观，创新质量管理工具的设计，确保高职教育内部质量管理的顺利实施。

此外，高职教育的质量管理实践虽然包含了这些元素，但没有系统化地考虑和设计这些方面，也未突破传统的"评估范式"进行深入探索。目前，高职教育的质量管理主要停留在评估和监控阶段，尚未真正建立起现代意义上的内部质量管理系统。现代管理理念强调系统化设计、过程化管理、资源的最大化利用以及质量的持续改进。如何将这些管理理念与高职教育质量管理实践有效结合，从而构建一个科学的高职教育内部质量管理系统，是我们需要清楚分析的基本理论问题，以揭示高职教育内部质量管理实现的理论逻辑。

综观本节研究，主要是在对高职教育质量和内部质量管理两个核心概念进行界定的基础上，在高职教育内部质量管理中引入全面质量管理理论，提出PDCA质量管理技术的四个阶段，即计划、执行、检查、处理，以及相应地形成了融合质量目标设计、专业建设和资源配置、学习参与度管理、学业成果的评价检验、质量管理反思与改进于一体的高职教育内部质量管理系统。在应用此系统时，特别强调了质量管理工具的应用创新，例如在质量目标设计中遵循从工具价值导向到人本价值导向的质量观，在专业建设及资源配置、学习参与度管理中遵循从目标管理到过程管理和目标管理兼顾的管理观，在学业成果评价检验中遵循从教师做了什么到学生学到什么的评价观，从而构建起高职教育内部质量管理研究范式的基础。

第二节　高职教育内部质量管理的运行机制

运行机制指的是学校制度中各组成要素之间的相互作用方式和原理，涵盖了这些要素间的相互联系和功能制约关系。在运行机制中，各类机构要素和制度要素的对接程度以及对目标功能的强调差异，会导致机制实施和运行特点的差异化表现。在高职教育中，其本质特性是服务于区域经济产业发展，并培养各类技术技能人才。此外，高职教育的其他特性也基于此并受到相应的制约。因此，高职院校的相关制度旨在更有效地推动高职教育的创新和发展，通过校内学习与训练以及校外顶岗实习等方式，实现技术技能人才的培养及技术研发与服务功能，并优化内外部关系的协调效率。与普通高校相比，高职院校质量管理的运行机制特征主要体现在结构性、参与性和文化性等方面。

奥利弗·维托里（Oliver Vettori）教授认为，高等教育内部质量保障是一种功能强大的实用工具或程序，它基于与利益相关者的长期管理关系和交流。高等教育质量保障的作用不仅限于作为一种工具，还需在利益相关方之间建立稳定持续的合作关系，这是高校推进教育质量保障的重要方向。为构建高职教育内部质量管理的运行机制，首先需要建立相应的组织机构，发挥其作为纽带的作用，以合理地反应和调整学校管理者、教师和学生之间的关系和状态。其次，需完善管理制度，确保人才培养过程中不同管理主体之间的有效协调和合作，实现高职教育内部质量管理目标的达成。

一、构建各主体有效参与质量管理的治理结构

在高等教育领域，特别是高职教育，已逐步形成一套较为完善和合理的治理结构。这种结构通常包括董事会、校务委员会、学术委员会等多元化组织，体现了分权与共治的原则。例如，董事会拥有任命权，负责规划学校的发展方向并分配必要的资金支持；校务委员会中，校长扮演关键角色，负责管理校内的行政事务；学术委员会则专注于学术和教学活动的管理。这些组织通常包括校内外的多方利益相关者，展现出结构的多样性。

在高职教育中，治理结构的构建涵盖了横向分权和纵向放权两个关键方面，以确

保质量管理的系统性和有效性。

第一，横向分权。横向分权涉及政治权力、行政权力和学术权力的相互独立，旨在确保决策权和执行权的明确分离。政治权力负责制定全面的学校发展战略和做出关键决策；行政权力聚焦于具体的行政管理和实施；学术权力关注学术和教学活动的管理。这种分权结构通过增加民主监督组织的监管和反馈，强化了质量管理的透明度和责任制。各权力间既独立操作又通过监督机构相互连接，确保了质量管理循环的完整性和动态性。

第二，纵向放权。纵向放权确保了各决策和执行机构在质量管理循环中的有效协作。系统分为计划、执行、检查和处理四个部分，每个系统都有其特定职责，并需相互协调以推动技术技能人才的培养。例如，校党委会在政治层面制定策略；校长办公会基于这些策略安排具体行政任务；学术委员会则确保教学和研究决策的专业性。此外，各专业委员会（如行业指导委员会、教代会等）在执行决策时提供专业支持，并通过质量监督机构的评估与反馈形成闭环管理，确保每一项决策的实施都是透明和高效的。

这种治理结构不仅促进了内部质量管理的系统性和层次性，而且通过明确的权责关系和质量循环系统，有效地支持了高职教育的内部质量管理工作，为技术技能人才的培养创造了有利条件。

二、形成各主体有效实施质量管理的制度体系

（一）确立利益相关者参与内部质量管理的理念

在当前的高职教育环境中，尚未完全发展到使利益相关者能有效参与质量管理过程。存在一种观念认为，质量管理仅限于职业院校内部的教育教学部门，这种误解限制了内部质量管理的效率和水平。为了构建一个有效的高职教育内部质量管理系统，必须确立一个包容性强且多元化的管理理念。

随着科技的发展和全球互依性的加深，单一机构制定政策的方式显得越来越不足，而应考虑到各方利益相关者的需求，共享价值和经验。联合国在2015年的《反思教育》报告中提到，教育应被视为全球共同的利益，需要所有利益相关者共同努力来提升教育成果。此外，随着公私领域界限的逐渐模糊，利益相关者的多样化参与以及

民主参与的需求日益增强，教育治理需要重新思考并包容更广泛的非政府主体，共同构建一个开放的知识社会。

通过强化利益相关者的参与，可以充分利用其智慧，基于共同利益的互动关系将促进高职教育内部质量管理系统的建设，实现更广泛的社会利益和个体幸福。这种新的管理模式将不仅仅是行政性的，而是一个充分反映社会群体智慧和愿望的动态系统。

（二）形成利益相关者参与内部质量管理的通道

在当前国内环境中，职业院校的质量保障通常由学校管理者主导，但关键的利益相关者，如教师、学生和家长，往往被忽略。在新的教育质量保障要求下，应充分尊重这些利益相关者的基本权益，并构建一个适应新要求的多元化治理结构。

首先，应制定使利益相关者参与质量保障的政策，确保他们在管理中的基本地位和权力。欧洲的博洛尼亚进程已经设立了相关规定，允许学生参与质量保障，并采取了相应的实施措施。随后，《布拉格公报》和《柏林公报》等政策文件强化了这一做法，从政策和法律层面确保学生参与得到国家支持，鼓励相关机构采取措施提升参与度，目的在于彻底改革质量保障体系，确保学生在质量保障中的关键角色。

其次，需要制定参与质量保障的基本原则和标准，明确参与的范围、程序和规范。参与质量保障体系的相关方需遵守基本的操作程序和管理流程，尤其是对学校内部事务不甚了解的校外利益相关者，应明确其参与方式和具体范围。欧洲的《高等教育区质量保障标准和准则》对此已有详尽规定，要求学生参与内部及外部质量保障工作，并通过评分统计法进行配套评价。

这些措施和创新机制是西方国家促进高校利益相关者有效参与内部质量管理的重要参考，为我国职业院校质量保障工作的改进提供了宝贵的借鉴。

（三）构建高职教育利益相关者之间的协作关系

职业院校的核心任务是满足区域经济产业发展需求，通过培养大量技术技能人才来实现这一目标。为了确保这些目标的有效实现，必须满足并平衡各利益相关者的诉求。现实中，虽然各方利益相关者之间存在一定程度的冲突和矛盾，但无疑也存在共同的关注点和利益追求。因此，职业院校的质量管理和决策制定需要深入了解并平衡这些利益相关者的基本需求和实际诉求，以实现综合利益的最大化。

有效的质量管理关键在于如何确保各方面利益的均衡，这不仅是管理的基础，也是推动质量管理有效进行的关键。此外，构建一个基于尊重和信任的合作关系至关重要，这可以通过加强各方的沟通和对话来实现，以形成有效的协作机制。职业院校内部质量管理应当以学生为中心，以教师为主导，注重教育教学的创新，目标是提升人才培养的质量。通过主动的对话和协作，可以促进各方的有效沟通，共同形成一个广泛认可的目标，从而提升职业院校的质量管理和技术技能人才的培养水平。

三、长期营造内部质量管理的质量文化

定义质量文化始于 20 世纪 80 年代的美国，今天已逐渐成为文化学和管理学等学科研究的新话题。在职业院校中，质量管理文化包含长期教育实践中形成的关于质量管理的价值观、道德规范、法律观念以及行为习惯。这种文化能隐性地影响师生的思维和行为，帮助他们形成对质量目标、观念、标准及行为规范的共识。

随着时间的推移，发达国家开始意识到，仅依靠外部法规来整合质量管理思维是不够的，这种做法通常是暂时的、易变的。一旦高职特有的质量文化氛围正式形成，它就能强有力地吸引师生共同追求教育目标，从而使质量管理变为广泛认可的价值观念和内在追求。因此，构建高职教育的内部质量管理系统，应从侧重外部政策和限制转变为强调文化和内在追求。

质量管理文化是教育实践活动中形成的重要成分，它是相关管理工作的文化基础。作为大学文化体系的关键部分，它的发展至关重要，可以确保质量管理活动的优化。建设这样的文化基础能增强各方主体的积极性，通过交流和沟通，依托于创新的管理制度和机制，解决遇到的问题，从而提高管理水平。首先，应在教育理念上树立"以提高质量为核心"的新发展观，将改革和发展焦点集中于质量提升，引导员工形成良好的质量意识，积极参与质量管理中。其次，加强制度化的文化建设。职业院校需要建立科学的质量管理系统，用制度规范培养活动，提高管理效率，同时为自主发展预留空间，并在此基础上增强教师的工作热情，激发学生的学习积极性。最后，应培养服务意识，以教学为重点，为学校、教师和学生的成长提供支持。

通过这种方式，可以更有效地进行高职教育的内部质量管理，同时提升技术技能人才的培养质量。

第三节　学习参与度的管理

管理学习参与度本质上关乎高职教育的教学运行方法，特别是在"教学做"一体化教学模式和柔性化教学管理的创新应用上。高职教育注重培养学生的职业实操能力、学习主动性及学习技能，以便学生不仅能适应一线工作的实际需求，还能够自主学习，提升学习的效率和质量，满足终身教育的要求。这一策略是技术技能人才培养中的关键环节。

一、学习参与度的理解

学习参与度是指学习者在完成特定学习任务时所投入的时间、努力和资源。这一概念由美国教育学家拉尔夫·泰勒（Ralph Tyler）首先提出，并在后续研究中得到了深化和扩展。学者如阿斯汀（Astin）、汀托（Tinto）和库恩（Kuhn）对这一概念进行了进一步的探索，提出了"学生参与""学业卷入"和"学生融合"等不同的表述。美国教育学家纽曼（Newmann）认为学习参与应包括使用性参与、交流性参与和学习性参与三种形式。而平特里克（Pintrich）则将学习参与区分为表层参与和深度参与两种形式，前者关注较低层次的认知策略表现，后者基于更高级的认知策略，如创造、反思、自我控制等。

另有学者将学习参与细分为行为参与和认知参与，认为行为参与是学生取得良好学业成就的关键。孔企平（2000）进一步将学习参与划分为行为、情感和认知三个层面，认为情感和认知影响行为表现，而行为又能反作用于情感和认知的发展。自20世纪30年代至今，关于学习参与度的研究，尽管尚未形成统一的概念体系，但学术界基本上达成了关于其重要性的共识。

教育不是教育者单向传授知识的过程，而是一个双向互动的过程。有效的教育是依赖于学生能够接收并有效处理教育者提供的教育资源，将其转化为自身的知识网络的过程。研究学习参与度有助于更有效地评估学生的学业成果。这些成果不仅包括知识和能力的获取，还包括态度或行为的展现。学业成果理论在系统地阐述学习结果的要求之外，还强调学习参与度（即学习过程）是其重要的组成部分。这主要体现在基于学习者为达成学业目标所投入的时间和精力的评估上。具体来说，主要体现在三个方面。一是规则性参与。这指的是学生在校园内外遵守学校规定的学习纪律和行为规范。这主要包括课堂行为和可能延伸到课后的学习活动，属于被动性学习参与。二是主动性参与。此类参与涉及学生利用自身的认知能力，主动挑战涉及智能或技术技能的教育活动，通常发生在课堂之外。学生在此过程中将优质教育资源转化为自己的知识体系。三是程序性参与。在规则性学习的基础上，学生在课堂或实训环境中努力达到教师的特定要求。这种参与通过完成特定专业要求，参与学习的各个程序性环节，从而建立学习的认同感。

本书聚焦于职业院校内部质量管理的需要，尤其是程序性学习参与的层面。它考察的是校内学训与校外工学结合环节中学生的参与活动，通过对这些活动的形式进行解构来进行观察和反馈。学训与工学结合是高职教育在专业人才培养过程中的关键环节，其条件、手段和方法对教育教学效果乃至专业人才培养质量的影响极为重要。在这种背景下管理学生的学习参与度显得尤为关键，主要体现在"教学做"一体化教学模式和在工学结合中实施的柔性化教学管理的创新实践中。

学术界对学习参与度的研究主要集中在本科生上。E. 帕斯卡雷拉（E. Pascarella）和 P. 特伦兹尼（P. Terenzini）在其著作《大学怎样影响学生的发展》中，总结了50多年来大学如何影响学生发展的研究。他们指出大学对学生的影响程度主要由学生个体的努力和参与度决定。学校通过制定政策、管理和资源配置等方式，鼓励学生更积极地参与各项活动。国内外进行了一系列关于学习参与度的实证研究，如美国印第安纳大学的"全美大学生学习性投入调查"（NSSE）、澳大利亚的"学生课程学习经验调查"（SCEQ）、东京大学的全国大学生调查（CRUMP 调查）、清华大学的"中国大学生学习性投入调查"（NSSE-China）以及厦门大学的"大学生学习情况调查研究"。这些研究证实了学习参与度与学习成果（人才培养质量）之间的相关性。但是，这些研究主要针对本科院校，对职业院校学生学习参与度的研究则相对较少。

关于职业院校学生的学习参与度，现有研究很少涉及学生学习的主动性和动态学习效果。目前，职业院校学生的学业参与现状通常不太乐观，如学习目标不明确、缺乏专业兴趣、被动参与教学等问题已成为制约人才培养质量提升的瓶颈。因此，从职业院校的实际情况出发，客观评价学生的学习现状，创新管理方法，提高学生的学习参与度，显得尤为迫切和重要。

二、"教学做"一体化教学模式的实施

高职教育中学习参与度的管理实际上涉及高职教学模式的核心运作，特别是在"教学做"一体化的实施程度上。2006年，教育部发布了提高职业教育教学质量的相关意见，明确提出了"教学做"一体化的教学模式改革要求。这种模式的核心在于理解"教学做"一体化的辩证关系，这是推动高职教育教学模式创新和确保技术技能人才培养质量的关键。

（一）"教学做"一体化的含义

"教学做"一体化，简而言之，是教师的"做中教"与学生的"做中学"相结合的过程。这种模式是一种教学方法，其核心是通过实践活动（"做"）来进行教学和学习，实现教与学的融合。"做"不仅是教学过程的载体，而且是连接整个教学活动的桥梁。然而，"做"的实施不应被误解为"教、学、做"的简单并列，而应视为"教"与"学"的过程中的一种工具，而非终极目标。

"教学做"一体化实现了教、学、做三者的完美融合，区别于传统的"理论+实践"教学模式。在"理论+实践"教学模式中，理论教学和实践操作往往在时间和空间上分离。而在"教学做"一体化模式中，理论和实践在同一教学过程中同时进行，时间和空间上实现了融合。

"教学做"一体化主要采取三种形式：第一，教师在实训现场将学习内容划分为多个任务，并为学生提供具体的操作指导。教师边讲解理论，边演示操作，学生则跟随操作练习，教师根据课堂情况进行动态指导。第二，在实训基地的教室中，教师首先进行理论讲解，之后在操作区展示，学生根据教学内容进行实际操作，教师在旁边进行即时指导。第三，学生提前准备项目任务，教师在实训现场同时进行操作指导和理论讲解，确保学生能够在实践中学做。

这三种教学方式共享以下特点。第一，以学生为中心。强调学生为中心的教育理念，提供充分的实践环境，包括校内外的实训设施。第二，以实践为主体。教学内容通过实际操作来实现，强化了教与学的实践性。第三，以职业能力为目标。旨在培养学生的职业技能，包括技术能力和职业素质。第四，以服务和项目成果为评价标准。

实践成果直接反映教学效果，与行业标准一致，强化了教育与职业实践的联系。

通过这样的教学模式，不仅能够提升教学的实效性，还能更好地满足行业对技术技能人才的实际需求。

（二）"教学做"一体适用的课程范围

在选择教学方式时，教育者必须认真考虑每种方式的优势和局限，并根据教学内容的性质科学选择。职业院校的教学内容通常涵盖知识、技能和社会规范三个方面。特别是"教学做"一体化模式，这种方式强调动手能力与知识的融合，适用于技能密集型教学。

选择实施"教学做"一体化的专业时，应优先考虑那些教师素质高、实训条件优越、设备完善、学生学习能力强的专业。"教学做"一体化教学应能满足整个班级的教学目标。如果无法确保大多数学生从中受益，则该班级或课程可能不适宜采用这种教学方式。"教学做"一体适用的课程包括以下类型。第一，实操课程，如绘画、计算机、制图和体育等。这些课程中的实践活动是教学的核心。第二，礼仪类课程，培养学生的行为规范和社交技巧。第三，智力技能课程，如语言课程，虽然与实操课程不同，但同样侧重于技能培养。

在实际教学中，教师应根据课程内容的具体情况选择适合的教学方式。对于大部分内容适合"教学做"一体化的课程，应积极实施；对于不适合的部分，则应选择其他有效的教学方法。

通过这种综合考量和灵活应用，职业院校可以有效提升教学效果，确保教学内容与教学方法的最佳匹配，从而提高学生的学习效果和职业技能。

（三）"教学做"一体化的评价

在实施"教学做"一体化教学模式中，涉及两个关键的参与主体：学生和教师，他们分别在"做中学"和"做中教"的过程中互动。此过程的控制点包括两种行为模式及其实施条件。

第一，评价学生的"做中学"行为。重点评价学生在模拟或实际职业环境中的表现，包括职业意识、专业技能、解决问题的能力、社交和服务意识，以及对产品和服务质量的关注。关注学生在职业角色中的自我认知、情感态度、任务分析和执行、独立作业能力以及团队合作。

第二，评价教师的"做中教"行为。观察教师如何在专业实践中转变角色，引导学生学习和成长，包括职业素养、专业能力、战略规划能力、指导技巧以及应对突发情况的能力。教师需设计详细的任务书，提供充分的学习材料，并能够针对学生的个性化需求提供指导，同时促进团队合作。

第三，"教学做"一体化的实施条件。确保良好的实践教学环境和资格完备的教师团队，这是实施该教学模式的基础。校内外的实训基地必须设施完善，以支持实践教学，包括更新设备、构建真实的职业场景，并与企业深入合作。校外实习基地的建设也同样重要，应充分利用行业资源，与行业协会和企业合作，利用企业的生产设备和技术人才。

通过上述措施，可以确保"教学做"一体化教学模式的有效实施，从而提升学生的专业技能和职业能力。

三、工学结合下柔性化教学管理

柔性管理的实施依托于理解员工心理和行为的发展规律，并通过一系列措施让员工的行为观念内化，实现自我管理。这种管理方式体现出和谐、合作、灵活、敏捷等特点，尤其在以人为本的管理过程中尤为突出。高职教育的教学管理也应该体现柔性化管理理念，特别是在工学结合的人才培养模式中。

（一）工学结合模式下的管理挑战

第一，企业需求与学校教学计划的冲突。职业院校通常会根据企业的需求来设定学生的实习和培训时间。然而，企业的用工需求往往具有季节性高峰，例如许多制造业企业在年底前需要增加产量以满足市场需求，这正是学校学期末考试的关键时期。这种时间上的错配导致学生无法同时应对学业和实习压力。此外，企业可能会因市场变化而突发临时的人手需求，这种突然的变更往往会打乱学校已经排定的教学和考试计划，使教学活动难以顺利进行。

第二，教学内容与企业生产流程脱节。职业院校在教学过程中往往强调理论知识的系统性和全面性，以培养学生的全面能力。然而，这种教学方式可能与企业对于具体岗位的即时技能需求不吻合。例如，学校可能重视机械原理的教学，而忽视了现代机械操作的具体技能训练。学生进入企业后，发现需要额外的时间去适应企业的具体生产流程和操作技术，这不仅影响了生产效率，还可能因为初期的低效率导致企业产生不必要的经济损失。

第三，缺乏校企沟通机制。在校企合作的人才培养模式中，沟通机制的缺失是一个常见的问题。学校与企业虽然在合作中拥有共同的目标——培养符合行业需求的技术技能人才，但在具体实施层面往往缺乏有效的沟通而导致双方在实习计划、学生培养目标及方法上存在较大差异。例如，学校可能期望通过实习增强学生的实践技能和职业素养，企业可能侧重于把实习生当作短期的劳动力。如果没有建立起有效的沟通和反馈机制，双方的这种期望差异可能导致合作效果不佳，进而影响整个校企合作的持续性和深度。

（二）柔性化教学管理的具体实施

第一，教学计划的适应性。鉴于企业用工需求的季节性变化和不可预测性，教学计划应设计得更为灵活，以适应不断变化的环境。例如，在为学期排课时，应预留一定的调整空间，以便在必要时可以不经烦琐流程即刻调整课程时间和内容，从而更好地配合企业的实际需求和项目进度，确保学生能够在最适合的时期接受必要的实践训练。

第二，教学过程的可调性。为了应对学生能力和需求的多样性，教学过程中应采用小组分层教学模式，允许学生根据自身的学习进度选择合适的小组。这种方式不仅提升了教学的针对性和有效性，也增强了学生的学习动机。教师应根据学生的反馈和学习成果，动态调整小组设置和教学策略，确保每个学生都能在最适宜的环境中学习。

第三，考核方式的灵活性。通过设立学业考核中心，采取灵活的考核方式，如模块化考试、开放式书面考试或实际操作演练等，使学生可以根据个人的备考情况选择最佳的考核时机。此外，允许学生对不满意的科目成绩进行重修或重新考试，并以最高成绩作为最终成绩，激励学生持续提高学术表现。

第四，毕业实践的协调性。为解决毕业实习与设计的冲突，建议实施灵活的毕业实践管理策略，如将实习和毕业设计项目整合，允许学生在企业导师和学校教师的共同指导下，将实习内容直接转化为毕业设计项目。这种做法不仅减少了学生的重复工作，还增强了学术活动与实际工作的相关性，使学生能够更加深入地了解和掌握专业技能，同时也为企业带来切实可行的项目成果。

柔性化管理增加了学生对学习过程的选择自由，但并不意味着放弃规章制度。其目标是满足学生和企业的需求，提供充分的选择权，实现刚柔并济。通过这种管理，可以更好地适应教学和生产实践的需求，提高教学质量和人才培养效果。

第七章　职业教育发展性评估方法研究

发展性评估作为一种国际上新兴的教育评估趋势，最初在我国基础教育领域得到引入，并逐步应用于高等教育。然而，此评估方式在职业教育中的应用仍显不足，需进一步探索与扩展。发展性评估的核心理念是"以人为本"，旨在促进教育参与者，尤其是学生和教师的全面发展，强调评估活动应支持和促进个人潜能的发挥与成长。此评估模式倡导"协商"原则，确保所有利益相关者，特别是被评估的院校，能在整个评估过程中进行有效的沟通和参与，以实现评估结果的广泛认可和接受。发展性评估聚焦于推动学校在促进学生和教师的全面及可持续发展方面的能力，重视发展人的多方面能力而非单一的学术或技能提升。利用现代信息技术工具，发展性评估构建了一套以动态和过程为核心的评估体系，能够实时捕捉和反馈教育活动中的关键动态，从而更精确地评估教育质量和效果。与传统的以结果为导向的评估不同，发展性评估重视过程中的发现和学习，通过识别问题、探索背后机制和寻找解决策略，推动教育实践的持续改进和发展。

第一节　评估主体的发展性路径选择

一、构建"基于利益相关"为主要特征的多元化评估主体机制

在中国职业教育的评估机制建设中，利益相关者理论为理解和构建多元化评估主体机制提供了基本依据。这一理论最初在20世纪60年代在西方公司治理和管理策略中提出，并由弗里曼（Freeman）在1984年首次清晰定义"利益相关者"概念，强调企业应关注各利益相关者的全面利益，而非仅仅局限于单一利益群体。

在高等职业院校的环境中，尽管不存在利润最大化的压力，但从广义的利益相关

性角度考虑，职业院校的利益相关者包括政府部门、学校管理者、教师、学生、家长、企事业单位等。这些主体的利益关系密切且复杂，影响着院校的战略方向和教育质量。

对利益相关者的细分显示，政府部门通常作为院校的主办方和资金提供者，有着决定性的影响力。根据教育部2020年的数据，政府部门主办的职业院校占比达到73%，显示出公共部门在职业教育领域的重要地位。学校管理者则负责日常管理和运营，其决策和能力直接关系到院校的整体发展和教育质量。

教师在教育教学和人才培养中发挥核心作用，是连接学校教育目标与学生需求的关键群体。学生作为教育的直接受益者，其教育成果和就业情况反过来也会影响学校的声誉和吸引力。同时，企事业单位作为学校人才培养的直接受益者，对教育质量的要求和反馈对学校的课程设置和教学方法产生重要影响。

对于评估机制的历史发展，从初期的由教育理论专家和学者主导的评估，到逐渐引入行业企业管理人员和一线教师，体现了从单一到多元、从封闭到开放的转变。当前阶段的评估已经不再局限于传统的现场评审，而是融入了网上监测和第三方评估元素，标志着评估方式的现代化和国际化。

此外，从实际的调查问卷中可见，企业用人单位、政府部门、学生及家长均被视为职业院校评估中的主要利益相关者。这反映了当前高职教育评估中对多元利益主体需求的认识和重视，同时也指向了评估实践中需要进一步强化的协作和沟通机制。

在讨论职业院校评优的主体时，需要区分狭义和广义两个层面。狭义的评估主体特指构成评估专家组的成员，这些成员直接负责执行和组织职业院校的评估工作。广义的评估主体则涵盖评估活动的整个过程，从评估前的准备到评估后的反馈，涉及所有参与者和相关方。

例如，传统上我们将职业院校、教师和学生视为评估的被评对象，即评估的客体。然而，从广义的视角看，他们不仅是评估的对象，也是评估的主体。这一观点与现代教育理念中的课堂互动非常相似，其中学生既是学习的接受者也是参与者，教师和学生的关系不再是传统的单向传授，而是相互促进的动态互动。

从元评估的角度出发，构建职业院校的发展性评估主体不仅仅关乎评估专家组的成员构成，而应更广泛地包括评估过程中的所有利益相关者和参与者。这种广义的主体观念要求我们进一步思考如何尊重并有效利用这些相关者和参与者的作用，这是构建多元化评估主体机制的关键。

在进行高等职业院校的评估时，有几个关键方面需要重视，以确保评估的全面性和有效性。

第一，评估专家组的组成。评估专家组的构建应该包括教育学者和实践专家作为其核心成员。除了教育类专家和学者，还应该包括来自行业企业的管理人员和一线教师，他们对教育实践和市场需求有直接的了解。此外，考虑到毕业生对教育体验和学校变化有独到的理解，他们的参与可以为评估提供更多维度的视角和反馈。

第二，评估实施方案的制订。传统上，评估方案往往由政府部门和教育专家主导，但为了更全面地反映教育的实际效果和行业需求，必须在制定评估指标和核心内容时更多地吸纳来自企业界和一线教师的意见。这可以确保评估指标不仅科学、合理，还具有实际应用价值和教育意义。

第三，评估执行的过程。执行评估时，必须广泛收集和考虑来自不同利益相关者的意见，包括被评估院校的师生、合作企业、学生家长以及毕业生代表。这样的多元化反馈可以帮助评估专家组全面理解院校的教育环境和教学质量，确保评估结果的准确性和公正性。

第四，评估反馈和结论的形成。在评估过程结束时，专家组与被评估院校之间应进行深入的沟通和协商。这不仅是对评估结果的讨论，而且是一个双向的学习和信息交换过程。这种互动可以帮助专家组深入了解院校的自我评价和发展方向，同时也使院校能够理解评估过程中提出的观点和建议。

这四个方面的着重强调确保了评估过程不仅仅是对职业院校进行简单的质量检查，而且是一个综合性发展的推动机制，促进院校根据评估结果进行自我完善和持续发展。这种方法有助于将评估活动转化为一种促进教育质量提升和学校发展的动力。

二、强化企事业单位作为用人需求方在评估主体中的地位作用

强化企业在职业院校评估中的作用是针对职业教育的核心需求而提出的。职业院校的核心使命在于服务区域经济的发展，以就业市场为导向，培养符合行业需求的高技能人才。实际上，企业作为职业教育成果的直接受益者，对教育质量的好坏拥有直接的判断力。

随着校企合作和产教融合策略的深入，企业不仅仅作为外部需求者而存在，而且越来越多地参与教育过程中，逐步成为教育活动的共同建设者。以浙江省为例，根据

教育部的统计数据，该省50所职业院校中，有90.70%的专业建设涉及企业合作，平均每个专业有超过三本由企业共同开发的教材，近10%的学生在企业订单班就读，而近75%的顶岗实习生被录用，显示出企业在专业建设和人才培养中的深入参与。

然而，尽管企业对职业院校的教育模式和质量评估有着重要影响，实际上在执行中，企业的参与程度和影响力常常没有达到预期。调查显示，大多数教师、学生和企业人员都认为企业应在职业教育中扮演更大的角色，但实际上，企业的参与和影响还未完全发挥。

因此，如何有效地利用企事业单位在职业教育评估中的作用，成为职业院校评估和教育质量提升的关键。从校企合作的角度出发，应当从以下几个方面进行深入考量。

第一，专业设置评估。专注于院校的专业设置是否紧跟地区的主导产业和市场需求。这包括评估院校是否具备根据市场动态调整和更新专业设置的机制，以及这些专业是否为学生提供了与行业直接相关的技能和知识。此外，应评估院校能否及时地根据新兴技术和市场变化增加新的专业领域。

第二，教学改革评估。检视院校的课程体系和核心课程设置是否现代化，并符合行业标准。重点关注教学资源和实训设施的现代化程度及其维护状态，以及这些资源能否满足企业对岗位技能的实际需求。评估还应涵盖教学方法的创新，例如项目导向学习和实际案例分析的运用情况。

第三，产教融合评估。分析校企合作项目的具体成效，包括产业学院建设、订单式教育项目和校企共同研发项目的实施情况。评估应考察这些合作是否真正促进了教育内容与职业实践的融合，以及这些项目是否有效提高了学生的就业率和职业适应能力。

第四，用人单位满意度评估。通过调查和反馈，评估企业对职业院校培养的实习生和毕业生的满意度，特别是在专业能力、职业素养和长期发展潜力方面的表现。此项评估可以包括跟踪毕业生职业发展路径和职场表现，以及企业对毕业生职业技能的满意度。

第五，校外兼职教师评估。评估来自企业的兼职教师在专业课程建设、学生实践指导和创新项目中的投入和效果。考察这些兼职教师的教学质量、与学生互动的频率及质量，以及他们在促进学生职业技能发展中的作用。

这些评估领域的综合分析将为职业院校提供全面的发展建议，帮助院校在教育质量、产业服务能力和社会责任履行等方面实现持续改进和优化。通过以上措施，可以更全面地发挥企业在职业院校教育评估中的积极作用，促进教育质量的持续提升。

三、探索推进"管办评分离"的独立第三方评估主体的建设

在推进职业院校"管办评分离"的独立第三方评估体系建设过程中，关键在于明确第三方评估机构的角色和功能。简而言之，第三方评估机构是那些与高等职业院校及其举办方均无直接利益关系的独立机构，负责执行评估活动。这些机构的最大价值在于其独立性、非营利性和专业性，这些特性使评估结果更趋向于客观和公正。

第三方评估在国际上已是职业教育质量评价的常态，尤其在欧美和澳洲等国家。在中国，第三方评估机构主要包括学会、教育评估院和一些高校或科研机构的内部部门。目前，国内职业院校的评估主要由政府主导，这些第三方机构虽不完全独立，但已在多个方面进行了尝试和探索。

例如，2012年以来，一系列研究机构如中国教育科学研究院和麦可思研究院，应教育部委托，定期发布《中国职业教育质量年度报告》。这些报告使用记分卡和资源表等量化工具，引导职业院校关注学生成长，并逐步建立了全国覆盖、立体互联的评价体系。

此外，各省市的教育评估院在独立进行教育评估方面也做出了重要探索，如J省教育评估院已连续多年进行高校毕业生质量的跟踪调查。这些调查帮助了解毕业生的就业质量和满意度，并为学校提供了宝贵的反馈意见。

建立独立的第三方评估主体是实现教育评估真正独立的关键步骤。这需要从以下两方面着手。

第一，法律和政策基础。《国家中长期教育改革和发展规划纲要（2010—2020年）》及相关政策，虽然多次提及"管办评分离"的政策支持，但相关法律地位仍需明确。应建立和完善第三方教育评估机构的法律地位、合同规范及监督问责机制。

第二，专业性建设。第三方机构的专业性不仅是指其独立性，还包括评估的专业质量。这需要加强机构从业人员的专业培训，制定行业准则和资格认证，同时建立有效的监管和市场退出机制，确保评估活动的质量和持续改进。

通过上述措施，可以确保第三方评估主体在职业院校评估中的独立性和有效性，进而推动高职教育质量的持续提升和发展。

第二节　评估内容的发展性路径选择

一、建构以"人的发展"为主要考量内容的评估指标体系

关键构件的评估方案中，指标体系的精准设计至关重要，它应当聚焦于"人的发展"。这不仅是职业院校发展性评估的核心理念，也是我国职业教育评估理论与实践发展的自然趋势。

首先，职业院校的基本办学条件不应再作为发展性评估的焦点。据全国高等职业院校状态数据监测中心的数据，过去的"十二五"和"十三五"期间，我国职业院校的基本办学条件有了显著改善。例如，ZJ省的50所职业院校在过去十年中显示出各项教学资源的大幅增长，已远超过《普通高等学校基本办学条件指标（试行）》的规定标准。因此，基本办学条件已不再是制约我国高职教育发展的关键因素。然而，将这些条件从评估指标体系中完全剔除既不现实也不必要。建议将基本办学条件作为前提性的门槛指标，同时，一些条件如双师型专任教师应从定量指标转为更注重内在质量的质性指标。

其次，职业院校发展性评估需构建包含学校发展、教师发展、学生发展、服务发展四个一级指标的评估体系。这些维度反映了广泛认可的共识，并符合"以人为本"的评估核心理念。在这基础上，本书新增了"服务发展"的维度，以反映学校在社会服务、科技研发、国际交流、文化传承等方面的贡献，从而形成更全面的评估框架。

最后，发展性评估指标体系确定后，关键在于对各二级指标的内容进行清晰界定。例如，教师发展包括其教学能力、研究成果和社会服务等维度；学生发展则包括技能掌握、就业能力和综合素质等。这些指标需进一步细化至可操作的三级指标，通过定量和定性描述确保评估的可执行性。

二、以"应用能力为主线"评估和考量学生发展的可持续性

评估方案的核心是针对性设计的指标体系，其以"人的发展"为主要考量内容，

这既是发展性评估的核心理念，也是我国职业教育评估理论和实践的必然趋势。

首先，对于基本办学条件，已经不再是职业院校发展性评估的主要关注点。根据"全国高等职业院校状态数据监测中心"的数据，我国职业院校的基本办学条件在"十二五"和"十三五"期间已显著提升。例如，ZJ省的50所职业院校在过去十年间，各项资源增长显著，满足并超越了教育部制定的基本办学条件标准。因此，基本办学条件已不是制约我国高职教育进步的主要障碍。然而，将这些条件完全从评估中剔除既不现实也不必要。建议将基本办学条件作为门槛指标，并将某些指标，如双师型专任教师的比例，从量化指标转向质化指标，重点关注其实质质量。

其次，应构建包括学校发展、教师发展、学生发展、服务发展四个一级指标的职业院校发展性评估指标体系。当前共识支持这些维度的重要性，并符合评估的"以人为本"理念。此外，研究发现"服务发展"是一个必要的新增维度，涵盖学校在社会服务、科技研发、国际交流、文化传承等方面的表现。

最后，确立指标体系后，关键在于明确各二级指标的具体内容。例如，教师发展涉及教学质量、研究成果和社会服务等方面；学生发展包括技能掌握、就业能力和综合素质等。这些指标需进一步细化为具有操作性的三级指标，通过具体测量点和描述确保评估的可行性。虽然这可能超出学术论文的常规深度，为确保评估体系的实用性，这一步骤是必要的，尤其是在如"学生发展"这类关键领域。在职业院校的人才培养中，教学方法的选择和实施是至关重要的，它们通常根据学生的学情进行调整。学情分析涉及了学生的思维习惯、学习基础、兴趣、方法和成绩等多个方面。不同的学生群体会表现出不同的学习特点，这对教学策略的制定至关重要。高职学生通常存在一些共通的学习特点，例如理论基础知识较薄弱、抽象思维能力有限、学习信心不足，以及注意力分散。然而，这些学生也经常展现出如形象思维能力强、实践能力出众及较高的吃苦耐劳精神等优点，这些都是应用型人才培养中的潜在优势。针对职业院校学生的特定学情，学校应采取适应性教学方法，例如采用工作过程导向、项目引领、情境模拟、案例分析、小组讨论、问题导向教学以及翻转课堂等策略。这些方法能有效激发学生的学习兴趣并提升他们的学习效果。重要的是，教学效果不仅依赖于教师的授课内容，更在于课堂的互动性。因此，教师需要密切关注学生在课堂上的互动参与度，如出勤率、专注率（抬头率）、参与回答问题的频率（回答率）和课堂活跃度等，这些都是衡量"有效课堂"的关键指标。

关于如何区别和竞争于普通本科院校以获得社会认可，职业院校学生需要展现出的不仅仅是基础的综合素质，更重要的是体现"吃苦耐劳、追求卓越、以客为尊"的职业道德和精神，即所谓的"工匠精神"。以德国的双元制教育为例，这种教育模式被认为是职业教育的国际标杆，研究表明德国在二战后之所以能迅速崛起，很大程度上归功于其职业教育的成功，这包括国家层面的系统设计和社会对职业道德的高度尊重。例如，有关德国汽车制造的典型描述指出，如果轮胎安装标准要求拧四圈，德国技工绝不会偷懒只拧三圈半。这不仅体现了德国的行业标准和工艺流程，更反映了社会对职业道德和工匠精神的重视。

从发展性评估的角度看，工匠精神不仅是区别于基础教育和高等教育的显著特征，也应是职业院校学生发展中的核心追求。工匠精神体现在学生的专业技能、知识储备、身体和心理素质的综合培养中，随着时间的推移，这种精神将逐渐融入学生的世界观、人生观、价值观，并影响到他们的思维方式、做事风格、生活方式及个性特征，成为他们独特个性的一部分。

三、"共性与个性"相结合，留有评估指标体系的"弹性余地"

评估指标体系的设计必须考虑到弹性和适应性，以适应全国不同职业院校的多样性。这种弹性主要体现在两个层面：首先，指标体系需要在一级、二级和三级指标的选取及其定义上留有一定的调整空间；其次，各指标的权重分配也应具有灵活性。

由于我国地域广阔，经济社会和产业发展水平差异显著。这种差异性导致各职业院校在服务地方经济社会发展方面存在较大差异。简而言之，使用一套固定的指标体系来评估全国超过1400所职业院校并不现实。根据调查结果显示，在661份有效问卷中，大多数人认为采取统一标准与分类指导相结合的评估模式更符合中国国情和实际需要。

到2020年底，中国共有1468所高等职业院校，这些院校在办学体制、公共财政拨款等方面存在明显差异。例如，北京市的生均公共财政拨款经费远高于山西省。在办学质量上，东部地区的高水平院校和专业群比例远高于中西部地区。

因此，各地在制订具体评估方案时，应根据当地职业院校的实际情况调整发展性评估指标体系，确保指标体系的科学性和针对性。例如，对于资金充足的地区，可以降低办学经费指标的权重或将其从评估体系中剔除；对于资金较少的地区，应增加该指标的权重，以促进地方政府的关注和投入，实现评估促进建设的目的。

四、"适应与超越"相结合，设置评估指标体系的"开放窗口"

评估指标体系的设计需适应职业院校特色化办学的开放性，因特色化办学是提升职业教育质量和水平的关键途径。从宏观视角看，若每所职业院校都有鲜明特色，将促进整个地区学校结构和办学质量的优化。

例如，有些职业院校在促进学生成长方面表现突出，有些在校企合作和产教融合方面颇具特色，有些在技术技能培训方面影响深远，有些在国际交流合作方面具有明显优势，还有些在师生创新创业方面有显著成就。这些努力形成的持续性特色应当受到重视和鼓励。《中国职业教育质量年度报告》中的"育人成效50强""教学资源50强"等榜单，已在社会上引起广泛关注，有效指导职业院校发挥自身特色优势。

在评估指标体系构建中，首轮高职高专水平评估已将"特色或创新项目"作为一个独立的一级指标，并规定达到"优秀"评估结果的院校必须具备显著的特色或创新项目。这种办学特色应在长期办学中形成，显著而稳定，且社会广泛认可，可能涉及办学理念、学校治理、专业建设等多个方面。创新项目则针对人才培养中的普遍问题，通过研究与实践取得具有实际成效的解决方案。

设置"特色或创新项目"窗口在当时有效推动了职业院校走特色化办学路线，促进了院校间的学习与借鉴。然而，在后续的职业院校评估中，这一方面的开放窗口设置较少。因此，笔者认为在未来职业院校发展性评估指标体系的建构中，应重新引入并强化这一做法。

第三节 评估方法的发展性路径选择

一、强化现代信息技术与发展性评估结合运用的广度和深度

在第一轮和第二轮高职高专水平评估之后，现代信息技术迅猛发展，如何有效结合和运用信息技术手段，已成为现代教育评估的关键趋势之一。第三轮职业院校的社会能力需求评估虽采用了网络评估方法，但教育评估的核心目的在于评价"人的培养"工作，全面依赖网络评估可能无法深入探查"表象背后的真实情况"。

在问卷调查中，661份教师和企业问卷显示，大部分参与者认为信息技术在教育评估中的应用较为充分，但约三分之一的参与者表示需要进一步深化信息技术与评估方法的结合。

因此，评估方法的发展方向应是"信息技术应用+现场评价"的有机结合。这种结合不仅扩展了评估技术的应用广度，也增加了深度，即全面贯穿评估的全过程，并能深入利用技术分析手段探索数据背后的内在机制。

实际的评估流程应开始于评估前的初步数据搜集，通过现场考察进行真实性验证，并在评估结束时形成最终结论。评估专家应在进入现场之前，通过多种途径获取被评学院的数据和信息，以对待核实的问题形成初步的判断。现场考察是检验和揭示事实真相的关键步骤，应结合多种评估方法进行综合判断和相互验证。

此外，利用全国高等职业院校状态数据监测中心和全国高等职业院校人才培养工作状态数据采集与管理平台这两大数据库系统，可以实现对职业院校人才培养状态的全面监测。这两个平台提供了从校级到国家级的数据，涵盖从基本信息到核心指标的全方位数据，形成了一个自2012年起覆盖全国职业院校的大型数据库系统。在发展性评估中，大数据技术的运用可以更精确地分析和评价，实现现代信息技术与教育评估的有效结合，从而提高评估的精准度和实用性。

二、实现"动静结合、以动为主"的过程性评估方式的转变

"动静结合、以动为主"的评估方法强调评估的过程性，这是发展性评估的基本

要求。例如，一个专家在质性访谈中形象地说明了这一点：评估不仅要关注结果，更应关注过程中的变化，不能只依靠绝对值，而应更加注重相对变化和增长的动态。例如，"从5增加到10"与"从8增加到10"的结果相同，但从增长过程和相对变化的角度看，其发展性是不同的。

要实现这种过程性的评估转变，不仅需要不断利用现代信息技术手段，尤其在现场评价考察中，还需要综合运用多种评估手段，并特别重视个人深度访谈。

首先，需要综合运用多种评估手段。这涉及一个"工具组合"的概念。教育评估的方法多样，例如前两轮职业院校评估中使用的学校汇报、校园参观、现场考察、资料查阅、问卷调查、随堂听课、个别访谈和专题座谈等。这些方法手段从不同角度进行考察，旨在获取评估对象的真实状况。根据评估目标和评估内容的不同，有选择性地组合这些方法是必要的。对于发展性评估而言，选择合适的评估工具组合至关重要，旨在不干扰学校正常教学生活的前提下，尽可能减少师生因评估而增加的额外负担。

其次，重点进行个人深度访谈。这是第二轮评估中取得良好效果的主要方法。个人深度访谈旨在深入挖掘信息，包括显著的特色优势和明显的问题。从访谈对象的角度，可能包括学校管理团队、行政人员、一线教师、在校学生，甚至合作企业的管理人员和毕业生。通常，每位专家至少访谈3~4位相关人员。整个专家组的访谈量可以形成30~40人的数据面，通过深入挖掘和点面结合，可以相互印证，得到学校的特色优势和存在的问题以及这些问题产生的原因和可能的解决方案。此外，专家组成员之间在现场评价过程中的即时交流也是一种有效的交流方式，如每天晚上的专家内部会议或评估过程中的随时讨论。个人深度访谈特别适用于对非定量和质性方面的精确评估，是发展性评估不可或缺的一环。

三、重视强化评估专家的遴选及其元评估机制建设

在评估活动中，评估专家的作用至关重要，因为他们在很大程度上决定了评估的有效性和公正性。对于"评估专家在实际评估中的作用"的问卷调查显示，在661份有效问卷中，绝大多数人认为评估专家的作用非常大或较大，这表明专家在评估过程中起着关键性的作用。因此，建立一套高效的专家选拔和管理机制是确保评估活动顺利进行的重要保障。

首先，专家的选拔应该遵循目的性、专业性和规范性的原则。专家的选拔涉及多

个方面：学术能力、评估素养、道德品质以及团队结构。学术能力要求专家在特定领域具有广泛的知识和深入的研究，享有同行的高度认可；评估素养包括专家对评估的方法和理念的熟悉程度，以及对教育政策和人才培养模式的了解；道德品质涉及遵守学术伦理和纪律，保持客观公正；团队结构涉及团队的多样性，如专业交叉性和成员的背景多元性。

其次，应关注避免"专家失灵"的现象。这包括业务能力不足、评估理念理解不深和道德标准不高等问题。业务失灵可能导致评估标准过于僵化，偏离教育多样性的要求；理念失灵则可能导致评估结果偏离其本应达到的教育发展目的；道德失灵包括高傲自大或私利行为，这些都会严重影响评估的公正性和效果。

最后，建议加强专家选拔的元评估机制建设，确保专家选拔的科学性和评估工作的有效性。科学性不仅涉及选拔标准和流程的合理性，也包括选拔的透明度和公正性；评估的有效性关注如何通过激励和约束机制，保留表现优秀的专家，同时排除表现不佳或违背伦理的专家。通过这种方式，可以不断优化专家资源，增强他们的责任感，提升整个评估活动的质量和公信力。

第四节　评估结论运用的发展性路径选择

一、基于双方"交流、沟通和协商"的评估结论生成机制

发展性评估的核心理念是"以人为本"，其中一个重要方面是采用"协商"原则。这意味着在评估的内容、方法、过程以及最终结论方面，都应充分尊重和包含被评院校的意见和建议。现代教育评估趋向于将外部评估与内部监控相结合，以实现更公平有效的评估结果。

从国际经验看，如欧盟教育理事会从2004年起实施的"同行评议"模式，是一种成熟且值得借鉴的方法。我国前两轮高等职业院校评估中，在评估结论形成前都设有一个由专家组组长和被评院校领导参与的沟通环节。这一环节通过双方的沟通与协商确保了评估结果的共识。然而，整个评估过程中的交流仍有待加强，从而确保评估活动的全面性和深入性。

在实施同行评议的过程中，涉及评估准备、实施、报告撰写及后续改进四个阶段。这种模式特别强调评估活动的互动性，确保从评估前的准备到评估后的改进，同行专家组与被评院校之间的互动都是持续和全面的。

至于评估结论的协商性，同行评议的结果最终以评估报告形式呈现。这个过程首先包括专家组基于充分讨论形成的初步评估报告，然后征求被评院校的反馈意见，根据这些意见形成最终报告。无论是初步评估报告还是最终报告，评估专家组都不强求被评院校必须接受。这种评估的目的不在于给出最终结论，而是提供一份基于互动和协商得来的参考资料，帮助被评院校根据自身需要决定是否采取改进措施。

二、基于"螺旋式上升"发展目标的评估结论运用机制

在我国高等职业院校评估方面，第一轮人才培养工作水平评估采用了分等制评估，评估结论分为优秀、良好、合格和不合格四个等级。第二轮评估则采取了更为柔和的策略，评估结论分为通过和暂缓通过两个级别，着重于评估过程而非仅仅评估结果。第三轮则是适应社会需求能力的监测性评估，不设具体的评估结论。

发展性评估与这些评估形式都不相同，它不是仅仅为了判定合格与否或进行简单监测，而是一种过程性评估，其目的在于推动持续性的改进。例如，如果评估中发现某职业院校在专业带头人方面存在问题，评估专家需要通过深度访谈等手段，与学校领导、人事部门、相关系部和教师进行广泛交流，探讨问题根源。这可能涉及学校内部的问题，或者是外部环境和政策等因素的影响。专家团队将利用自己的学术视野和专业能力，为院校提供具体的、有针对性的改进建议。

因此，发展性评估的核心在于"识别问题、分析原因和解决问题"的逻辑闭环。通过这种方法，不断推动学校在发现问题和解决问题上实现螺旋式的进步，从而形成一种可持续的发展机制。这样的评估过程不仅仅是为了评估，更是为了以评促建，着重于建设和改进。这正是高等职业院校发展性评估的终极目标和使命。

参考文献

[1] 严权. 职业教育探索与实践 [M]. 武汉：中国地质大学出版社，2022.

[2] 郭纪斌. 职业教育工匠精神的传承与创新 [M]. 湘潭：湘潭大学出版社，2022.

[3] 程美，欧阳波仪. 职业教育智慧教学 [M]. 北京：北京理工大学出版社，2021.

[4] 李玮炜，肖霞，贺定修. 现代职业教育创新实践研究 [M]. 青岛：中国海洋大学出版社，2022.

[5] 涂凯迪. 高等职业教育管理理论与实践创新探索 [M]. 长春：吉林人民出版社，2022.

[6] 李树陈. 现代职业教育理论研究 [M]. 长春：吉林人民出版社，2020.

[7] 柴蓓蓓. 信息时代下高等职业教育发展 [M]. 长春：吉林出版集团股份有限公司，2021.

[8] 于莉，王颖，孙长远. 职业教育校企合作的理论与实践 [M]. 长春：吉林人民出版社，2021.

[9] 张海军. 职业教育适应性视域下学生创新创业能力培养 [M]. 武汉：华中科技大学出版社，2023.

[10] 韩伟. 数据分析与机器学习算法 [M]. 北京：机械工业出版社，2023.

[11] 段崇霞，方涛. 烹调技术 [M]. 北京：北京理工大学出版社，2022.

[12] 刘建林，朱晓渭. 陕西高等职业教育改革创新实践研究 [M]. 北京：北京理工大学出版社，2020.

[13] 吕景泉. 职业院校技能大赛：中国职业教育的制度创新 [M]. 天津：天津人民出版社，2021.

[14] 徐兰. 工业4.0背景下职业教育人才培养模式教育创新研究：基于产教融合理念 [M]. 长春：东北师范大学出版社，2022.

[15] 胡晓军. 法律文书制作 [M]. 2版. 北京：中国政法大学出版社，2022.

[16] 赵林. 职业教育信息化发展案例报告 2021 [M]. 北京：北京理工大学出版社，2022.

[17] 刘海平. 以职兴城：职业教育适应性实践研究 [M]. 北京：北京理工大学出版社，2022.

[18] 曾阳. 城乡融合发展背景下职业教育制度建设研究 [M]. 广州：中山大学出版社，2022.

[19] 柴草. 携手·深耕·共赢：高等职业教育实践育人探索 [M]. 长春：东北师范大学出版社，2022.

[20] 牛京刚，王辰. 冷菜工艺 [M]. 北京：北京理工大学出版社，2021.

[21] 孙菲. 创新创业基础 [M]. 北京：北京理工大学出版社，2021.

[22] 郑东仁，陈芳. 货品知识 [M]. 北京：北京理工大学出版社，2021.

[23] 王朴. 护理应用解剖学 [M]. 武汉：湖北科学技术出版社，2021.

[24] 杨杨. 乡村振兴战略下农村职业教育发展与职业农民培育研究 [M]. 天津：天津科学技术出版社，2023.

[25] 何华国. 创新创业启蒙 [M]. 武汉：华中科技大学出版社，2019.

[26] 许朝山，陈叶娣. 职业教育产教对接谱系的原理、方法与实践：基于常州机电职业技术学院的创新实践 [M]. 苏州：苏州大学出版社，2022.

[27] 何谐. 我国高等职业教育学位制度构建研究 [M]. 重庆：重庆大学出版社，2021.

[28] 谭芳. 湖南职业教育"数字蓝领"创新素质培养研究 [M]. 广州：广东旅游出版社，2018.

[29] 熊贵营. 融合 服务 创新：苏州职业教育高质量发展的实践探索 [M]. 苏州：苏州大学出版社，2020.

[30] 蒋永林等. 源起、开拓与创新：新时代四川职业教育发展关键问题研究 [M]. 成都：四川科学技术出版社，2020.